HOME OFFICE
TRABALHO REMOTO
OU PRESENCIAL

Peter Cappelli

HOMEOFFICE
TRABALHOREMOTO
OUPRESENCIAL

**Como decidir
o melhor para
a Empresa e
os Funcionários**

M.Books do Brasil Editora Ltda.

Rua Jorge Americano, 61 - Alto da Lapa
05083-130 - São Paulo - SP - Telefones: (11) 3645-0409/(11) 3645-0410
e-mail: vendas@mbooks.com.br
www.mbooks.com.br

Dados de catalogação na publicação

CAPELLI, Peter
Home Office, Trabalho Remoto ou Presencial: como
decidir o melhor para a empresa e os funcionários
2022 – São Paulo – M.Books do Brasil Editora Ltda.

1. Recursos Humanos   2. Pessoas no Trabalho
3. Trabalho Remoto   4. Trabalho Híbrido
5. Administração

ISBN: 978-65-5800-101-0

Do original em inglês: The Future of Office
@ 2021 Peter Capelli
Publicado originalmente por Wharton School Press
The Wharton School
University of Pennsylvania

© 2022 M.Books do Brasil Editora Ltda.

Editor: Milton Mira de Assumpção Filho
Tradução: Celso Paschoa
Produção Editorial: Gisélia Costa
Diagramação: 3Pontos Apoio Editorial Ltda.
Capa: Isadora Mira

M.Books do Brasil Editora Ltda.
Todos os direitos reservados.
Proibida a reprodução total ou parcial.
Os infratores serão punidos na forma da lei.

Sumário

Agradecimentos...8

Introdução...9

    Um Ponto de Contato Cultural em Jogo.............................12

    Qual é a Razão para a Mudança?...13

        O "Local Convencional de Trabalho" Foi um Erro Todo Esse
        Tempo?...14

        Talvez a Pandemia Tenha Sido uma Situação Peculiar Também
        para o Trabalho..14

        Ou Será que os Funcionários Têm Outras Opções e os
        Empregadores Sabem Disso?...15

    Eis Porque Escrevi Este Livro...15

1. A Experiência com a covid-19
O Que Podemos (e Não Devemos) Aprender com Ela.................21

    Como as Expectativas Mudaram Durante a covid-19........23

    Uma Mudança Gigantesca..25

    Um "Novo Normal" ou "Uma Aberração"?.......................28

    Qual É a Implicação para as Empresas? Os Locais
    Convencionais de Trabalho Estão Sendo Reativados..........31

    Mudança para o Trabalho Remoto: Pontos a serem Lembrados........36

2. De Volta para o Futuro
Como Funciona o Trabalho Remoto..37

    Algumas Questões Importantes – para os Funcionários.....39

6 *Home Office*, Trabalho Remoto ou Presencial

Quem Retorna pro Escritório?..40
Que Tipo de Trabalho Eu Faço?...41
Quem É Meu Chefe?..43
O Equilíbrio Evasivo entre Vida Pessoal e Profissional..............44
As Evidências até o Momento: Quem Ganha com o *Home Office*?....46
Mudança Para o Trabalho Remoto: Pontos a Serem Lembrados........49

3. Como o Trabalho Remoto Altera o Futuro do Trabalho 51

Haverá Problemas com o Pagamento dos Funcionários?...................53
Preocupações com o Burnout...56
Duas Metodologias Híbridas de *Home Office*..............................57
O Modelo Híbrido de Duas Camadas 58
A Escolha de Seu Próprio Modelo Híbrido.....................................59
No Caso da Escolha de um Modelo Próprio, Fica Complicado Fazer
Uma Programação 60
Mudança para o Trabalho Remoto: Pontos a Serem Lembrados........63

4. Gerenciamento da Transição
A Importância do Planejamento..65

Reintegração: *Onboarding* 2.0...67
Defendendo o Retorno dos Funcionários..69
Etapa 1: Explicar o Motivo do Retorno...70
Etapa 2: Conversar sobre como Era durante a Pandemia.............70
Etapa 3: Ajudar os Funcionários a se Lembrarem do Que
Gostavam no Local de Trabalho 71
Etapa 4: Pensar Cuidadosamente no "Quando":
a Data de Retorno dos Funcionários...71
Qual É o Plano de *Home Office*?..72
Mudança para o Trabalho Remoto: Pontos a Serem Lembrados........73

5. A Oportunidade
Certifique-se de Não Desperdiçá-la..75

Onde Há Necessidade de Adaptações..76

A Cultura Organizacional 77
Contratações 79
Remunerações 80
Avaliações de Desempenho 81
Desenvolvimento de Carreira 82
Novas Políticas para Elegibilidade 83
Mudança para o Trabalho Remoto: Pontos a Serem Lembrados 83

Conclusão **85**
Um Evento Ímpar 86

Notas **91**

Índice Remissivo **101**

Sobre o Autor **104**

Agradecimentos

Meus sinceros agradecimentos aos membros do departamento de Recursos Humanos da Wharton School pelas discussões sobre assuntos referentes à pandemia e, em especial, a Stewart Friedman e Jack Heuer pelos comentários que elas deixaram no manuscrito original.

Agradeço ainda ao meu editor-chefe, Brett Lo Giuratto, e ao diretor da publicação Shannon Berning.

Introdução

Em 2005, a Google havia se tornado a empresa preferida dos egressos da faculdade como o melhor lugar para se trabalhar. Seus novos conjuntos de escritórios foram remodelados para beneficiar os colaboradores: alimentação mais elaborada e selecionada para o café da manhã, almoço e lanche vespertino; serviços de acolhimento e de recebimento e/ou transmissão de mensagens externas ou internas, a possibilidade de levar animais de estimação ao ambiente de trabalho, além de salas especiais para, por exemplo, tirar um tempo de descanso durante o expediente.

O fato é que esses enormes benefícios tinham um objetivo comum – manter os colaboradores no ambiente de trabalho. Essas medidas não se deviam exclusivamente ao fato de que trabalhariam mais horas, mas para que as interações entre eles desencadeassem novas ideias e inovações incrivelmente valiosas para a companhia.[1] As empresas de tecnologia e muitos outros tipos de empresas consideravam essa abordagem de manutenção das pessoas no local de trabalho a prática mais recomendável.

Em maio de 2011, no entanto, a Google anunciou uma mudança brusca em outra direção. Vinte por cento dos colaboradores poderiam trabalhar permanentemente de casa, enquanto outra mesma porcentagem trabalharia remotamente, conectados a uma série de unidades da empresa em outras regiões do planeta. Os 60% remanescentes poderiam trabalhar em outro local diferente de seus locais convencionais de trabalho durante dois dias da semana e em quatro semanas do ano poderiam trabalhar em qualquer localidade mundo afora.[2] O objetivo da iniciativa era reduzir o número de colaboradores nos locais de trabalho.

Depois de um ano e meio ou mais de fechamentos de locais convencionais de trabalho e de colaboradores em *home office* por causa da pandemia da covid-19, os dirigentes de empresas globais enfrentaram e continuam enfrentando um ponto de inflexão importante para o futuro. As evidências e casos indicam que muitos colaboradores preferem trabalhar remotamente – isso ocorreu e as empresas sobreviveram – há alguns exemplos que até prosperaram. Diferentemente da Google, várias empresas desejam retornar à condição anterior à pandemia, enquanto a maioria deseja manter a flexibilidade que as fez crescer.

Assim, nos deparamos com uma questão crucial: Qual é o futuro dos locais de trabalho? As empresas devem retomar o espaço físico e o modelo antigo; continuar na modalidade de *home office*; ou introduzir alguma outra modalidade diferente?

Esqueçam o fascínio de outros tópicos dominantes quando falamos sobre o "futuro do trabalho" – como o que a inteligência artificial pode contribuir para o trabalho, nossa obsessão por diferenças triviais nas atitudes das gerações e outras questões imaginárias. **O *home office* pode modificar mais o trabalho do que qualquer outro fator no período de um século**, e significa que há uma decisão que devemos tomar agora, rapidamente.

Parece muito sensato voltar ao local convencional de trabalho e retomar do ponto em que estávamos. As empresas atuaram segundo essa modalidade por centenas de anos, descobriram meios de gerenciar problemas, além de obterem vários resultados. Durante a pandemia de covid-19, houve um intervalo nessas ações que foi um pouco mais longo que o previsto, mas terminou na maioria dos países ou está próximo de terminar. Vamos voltar ao trabalho.

Em contrapartida, parece igualmente sensato não voltarmos. Os colaboradores de locais de trabalho convencionais, de modo geral, gostaram de trabalhar em *home office*. Eles, notadamente, relatam que as condições não pioraram, talvez até melhoraram com o trabalho remoto. Atuaram dessa forma por um ano e meio, dois anos ou mais. Por que retroceder?

Além disso, há uma terceira opção: uma solução que incorpore o trabalho presencial e o remoto e tente deixar todos felizes. A ampla variedade de opções nesse caso é conhecida como modalidade híbrida, mas seu significado varia drasticamente de uma organização para outra.

Não houve escolha durante a pandemia da covid-19. Ela forçou um experimento gigantesco (e indesejado) de as pessoas terem de trabalhar de suas casas. Começou como uma brusca interrupção, semelhante aos dias em que as crianças em idade escolar e seus pais se veem limitados por uma enchente, uma forte nevasca ou outro desastre natural, impossibilitados de sair de casa e que rapidamente se transformou em um evento mais longo, como se pode esperar nesses casos. Depois, transformou-se em uma espécie de "novo normal". Na maioria dos casos, os executivos trabalharam de casa por cerca de dois anos, mas sem tempo de se planejarem para esse novo formato.

Agora é o momento de pensar no que fazer. Manter as mesmas condições significa trabalhar em *home office*. No verão de 2021 nos Estados Unidos (de julho a setembro), as restrições impostas nos Estados Unidos para ficar em casa foram suspensas e cada país fez o mesmo em datas diferente. Agora é possível pensar mais cautelosamente no caminho a seguir, de colaborador a colaborador. Mas será necessário tomar decisões.

Essa escolha tem enormes implicações para os indivíduos, as empresas e a sociedade. Há defensores de todos os lados. Dependendo de a quem é feita a pergunta, o *home office* é um meio de liberar a pessoa de passar a maior parte da vida no trabalho; de reduzir os índices de poluição e os problemas com transporte; ou ainda de destruir o mercado imobiliário comercial e os centros das cidades, já que possibilita uma "debandada" dos locais de trabalho.

Este é o momento de redefinição do que o trabalho significa para os que estão empregados e como ele se encaixa na sociedade. É também a oportunidade de se cometer um enorme e custoso erro. É possível que a experiência com *home office* durante a pandemia seja única e não se traduzirá em um período de maior "normalidade".

O problema é que não está absolutamente claro o que se deve fazer. Nem todas as pessoas gostaram do *home office* e há vários outros fatores concorrentes, além do trabalho remoto, que talvez não possam ser replicados no futuro. A experiência em que todos tiveram de permanecer em suas casas é muito diferente das modalidades híbridas a que a maioria dos empregados teve de recorrer. Há potenciais arranjos em que algumas pessoas voltaram para seus locais convencionais de trabalho e outras não, casos em que alguns podem escolher entre o trabalho convencional e o *home office*, e há a opção de pessoas que podem trabalhar permanentemente de forma remota. Cada um desses casos tem diferentes e importantes implicações.

Um Ponto de Contato Cultural em Jogo

O "local de trabalho" tem sido um elemento permanente nas relações interpessoais durante séculos. Ele não é apenas o local em que o trabalho é feito, mas um centro de diretrizes e intrigas relacionadas ao trabalho, êxitos e fracassos públicos. Além disso, é uma inspiradora fonte literária, cinematográfica e de programas televisivos.

Entre outros aspectos, vale mencionar que um índice notável de 22% de todos os casados relataram que se conheceram e começaram a se relacionar no local de trabalho.[3] A edição de maio de 2021 da *New York Magazine* é uma elegia ao local de trabalho, documentada com casos pessoais que narram quão entrelaçado esse componente era parte da vida social das pessoas e a experiência com casos dessa cidade no século passado. Dado o período extenso de tempo que passamos no ambiente de trabalho, o descarte dessa opção levanta profundas questões sobre o isolamento social se nos recolhermos em casa para o trabalho e todas as demais atividades.

Há, ainda, o impacto econômico. Os empregadores gastam somas significativas de dinheiro nos locais de trabalho, em parte nas áreas corporativas, torres de escritórios e salas individuais, tudo projetado para refletir e transmitir prestígio aos colaboradores. A prática de contar as áreas efetivas de construção para ver qual local de trabalho é maior tem sido padrão do *status* de julgamento. Muito dinheiro era gasto em comodidades básicas como vestuário e sistemas de ar-condicionado, e ainda em projetos que, supostamente, estimulam o desempenho, como salas intermediárias para fomentar reuniões informais, *design* de interiores para facilitar a colaboração, além de saletas destinadas às tarefas individuais. O afastamento em massa dos locais de trabalho representaria, nos Estados Unidos, uma crise da ordem de 1,7 trilhão de dólares no setor imobiliário, 600 bilhões no setor de construção e para todas as atividades e pessoas que prestam serviços a esses conjuntos de escritórios.

Mas o trabalho em locais convencionais cria também problemas de transporte, que custa tempo, dinheiro e polui. Em famílias nas quais ambos os pais trabalham, as demandas da criação de filhos geram enormes tensões por passarem muito tempo no local de trabalho, distantes dos filhos e de suas necessidades. O *home office* tem a possibilidade de atenuar esses problemas.

Temos pouco tempo para pensar nessas questões, porém devemos fazê-lo rapidamente.

É fácil esquecer – e alguns analistas têm feito isso – que o trabalho remoto sob a forma de telecomutação (como era chamado) foi o principal tópico de discussão ao longo dos anos 1990. Vasta quantidade de pesquisas foi feita a esse respeito, particularmente voltadas aos funcionários. O importante é que esse modelo é muito parecido aos modelos híbridos que estão sendo considerados novamente, nem tanto com a experiência "inclusiva" de todos em *home office* que provavelmente ocorreu no decorrer da pandemia. Essas pesquisas, que descreveremos no Capítulo 2, mostram os possíveis benefícios para os funcionários, mas há um cenário, no futuro, pior para os colaboradores remotos do que imaginávamos.

Vale a pena considerar cuidadosamente o motivo de o interesse na telecomutação ter diminuído tão rapidamente: passou de um tópico dominante na mídia corporativa no ano 2000 ao virtual desaparecimento em 2007. As companhias do Vale do Silício, como a Google, criaram a nova norma que estendia o domínio dos locais de trabalho com novos e imensos investimentos nesses espaços e sistemas de suporte correlatos, concebidos não somente para o aumento do desempenho, mas para manter os funcionários no ambiente de trabalho. Os impactos então gerados e os investimentos nesse sentido aumentaram cada vez mais.

Agora, tudo isso pode ter se perdido.

Qual É a Razão para a Mudança?

O que faremos com essa inesperada mudança em empresas como a Google que, a exemplo de outras sobre as quais falarei, está reduzindo o número de colaboradores nos locais convencionais de trabalho, mas planeja gastar bilhões de dólares em um novo *campus* em San Jose, California?

O "Local Convencional de Trabalho" Foi um Erro Todo Esse Tempo?

Uma interpretação é que o antigo modo de conduzir o processo estava simplesmente errado. Não apenas se procurava manter todos os colaboradores no local de trabalho – uma má ideia –, mas a própria ideia de permanecer no local de trabalho também pode ter sido um erro. Se é verdade que as pessoas ficam mais felizes no *home office* e que os locais de trabalho são mais efetivos se estiverem vazios, isso significa uma profunda revogação de séculos de prática. Todos os esforços do século passado – projeção ideal de locais de trabalho, tentativas para prover comodidades aos funcionários, todas as pesquisas e práticas sobre a importância das interações presenciais e da comunicação interpessoal – serão sobrepujados se deixarmos as pessoas sozinhas, e essa seria uma conclusão marcante.

Talvez a Pandemia Tenha Sido uma Situação Peculiar Também para o Trabalho

Outra interpretação é que houve muitos outros fatores concorrentes durante a pandemia que a tornaram uma situação peculiar. Os resultados das empresas foram muito melhores que o esperado, em parte por causa dos aportes sem precedentes de recursos federais e do suporte para as empresas que fluíram pela economia. Várias empresas apontaram que a natureza do trabalho durante a pandemia foi mais centrada em "detalhes práticos" do que nas inovações que ocorrem em épocas normais, visto que ter todos os colaboradores afastados do local de trabalho era uma responsabilidade muito maior. O fato de os funcionários estarem passando por uma terrível situação – alguns doentes, retidos em casa, além de terem de tomar conta de filhos e da família – fez com que a habilidade de atuar de casa fosse uma bênção que exigia esforços extras para a manutenção do emprego e das organizações.

Outro fator importante que recebeu menos atenção foi que praticamente todas as empresas confiaram em seus funcionários – talvez porque não havia outra opção – e afrouxaram o microgerenciamento do modelo "presencial", focando mais no que os funcionários estavam efetivamente entregando. Os empregadores mais astutos pediram ajuda aos funcionários e os que os trataram bem conseguiram. Será que isso pode ser replicado no futuro?

Ou Será que os Funcionários Têm Outras Opções e os Empregadores Sabem Disso?

Finalmente, uma terceira interpretação da "debandada" de funcionários dos locais convencionais de trabalho promovida pela Google e outras empresas é que tenha sido para experimentar esse modelo de não se estar no local de trabalho todo o tempo, além disso, os colaboradores decidiram que queriam trabalhar na modalidade de *home office*. Se a Google não lhes tivesse dado essa oportunidade, outras empresas o fariam.

O gênio está fora da garrafa! Ao menos para funcionários com oportunidades. Esses funcionários podem acabar pagando um preço alto por ficarem fora do local de trabalho, mas será difícil devolvê-los ao regime de período integral tradicional, pelo menos por um longo período de tempo. Pode ser melhor eles migrarem para opções diferentes de trabalho remoto antes de outras empresas lhes oferecerem a opção de *home office*.

Eis Porque Escrevi Este Livro

Eu tenho estudado o ambiente de trabalho por algumas décadas, especialmente as práticas empresariais usadas para gerenciar funcionários. Nesse processo, documentei mudanças nessas práticas no modo que contratamos, na maneira que gerenciamos o desempenho, entre outros fatores importantes.

A cada ano, durante mais ou menos a última década, tem havido alegações de que alguma mudança razoavelmente modesta em breve constituiria

16 *Home Office*, Trabalho Remoto ou Presencial

"o novo normal". Já passei um bom tempo contrariando essas alegações. No entanto, não resta dúvida de que o fechamento dos locais de trabalho por cerca de dois anos ou mais foi uma mudança profunda, conjuntura jamais vista no mundo corporativo. Se alguém nos dissesse, em março de 2020, que iríamos ficar em casa e não retornaríamos ao local de trabalho por cerca de dois anos, teria soado impossível. Como a economia e a sociedade sobreviveriam?

Levará ainda um longo tempo para realmente entendermos como nos ajustamos e obtivemos resultados. Naquele período, porém, tivemos de decidir o que fazer. O que temos até o momento não são apenas indicações conflitantes, mas evidências conflitantes. Precisamos de um relato ponderado de como as condições efetivamente fluíram durante a pandemia, obter esse panorama e considerar as evidências razoavelmente extensivas que experimentamos durante o trabalho remoto. É isso o que tento fazer neste livro. Há muitas opções entre as duas extremidades do espectro: tudo em trabalho remoto ou tudo no presencial? As escolhas, desta vez, realmente podem constituir um "novo normal". Saber escolher é urgente.

No Capítulo 1, reviso a experiência da pandemia. Há varias advertências, e a principal é que a informação que temos ainda é baseada quase exclusivamente em opiniões e extrapolações. Porém, é difícil não notar que o *home office* foi extremamente positivo, particularmente para os funcionários – mas também para as empresas. A questão mais urgente é quão bem a experiência única vivida durante a pandemia por grande parte das empresas, na maioria das nações, pode ser traduzida para os modelos híbridos considerando que os locais convencionais de trabalho continuam abertos e os funcionários podem escolher onde trabalhar.

No mínimo, inúmeros observadores consideram a iniciativa do *home office* uma espécie de libertação dos funcionários: eles ficam livres das pressões e restrições do ambiente de trabalho e, com isso, equilibram melhor os conflitos entre o trabalho e a vida pessoal. O *home office* ainda possibilita morar em qualquer localidade, mesmo se a empresa não tiver uma unidade no local. Observadores mais céticos, porém, nos quais me incluo, veem que esse movimento de "debandada" dos locais convencionais de trabalho pode escorregar em configurações ainda mais independentes: as pessoas podem trabalhar quando quiserem, onde quiserem, mas como contratados autônomos, independentes e não funcionários regulares.

O fato de os funcionários desejarem a possibilidade de trabalhar em casa não é novo, mas simplesmente desejar não significa que ocorrerá. As empresas detêm virtualmente todas as cartas nos Estados Unidos (e na grande maioria dos países). Para que a situação mude, depende dos interesses delas. Essa é a razão pela qual grande parte do foco deste livro está nas decisões empresariais.

No Capítulo 1, examino o que pode ser concluído e o que não pode com base nas recentes evidências do trabalho durante a pandemia. Essa parte é seguida pela abordagem embasada em pesquisas, do Capítulo 2, sobre as configurações surpreendentemente comuns do trabalho remoto antes da pandemia e seus efeitos, que não foram tão positivos, nos EUA, para os colaboradores remotos. O Capítulo 3 descreve o que os funcionários obtêm com o trabalho remoto, uma conclusão com base nos custos dos imóveis e pela possibilidade de que funcionários móveis, com opções, mudarão o mercado de trabalho e forçarão os empregadores a responder com modelos híbridos que são mais adequados a seus interesses.

Estamos em um daqueles pontos de inflexão significativos que, de modo geral, têm seguido as pandemias. O local de trabalho é o marco zero disso. Neste exato momento, as empresas Facebook, Twitter e outras de tecnologia são onipresentes, e declararam que vários funcionários trabalharão permanentemente de modo remoto. Goldman Sachs, JP Morgan e outros bancos afirmaram a importância dos funcionários retornarem aos locais de trabalho. A Ford tem remodelado escritórios para que a maioria dos funcionários possa trabalhar de casa pelo menos parte do tempo. E a GM tem planejado deixar os gestores locais pensar em outras configurações em situações específicas.

Assim, não há consenso. A história é claramente fluida, o que significa que ainda há decisões a serem tomadas.

Como veremos, algumas dessas posições já foram descartadas. A maioria das empresas está esperando para ver o que as demais organizações farão – uma estratégia sensata, exceto que nem todas podem recorrer a esse recurso, portanto, restam duas opções: esperar ou continuar na escolha.

18 *Home Office*, Trabalho Remoto ou Presencial

É possível que haja mais tempo para decidir o que fazer sobre as opções entre o trabalho presencial e o *home office*, pois a situação da pandemia pode se repetir. A resistência à vacinação resultará numa contaminação contínua pelo vírus e ainda há pessoas que não se vacinaram. Novas variantes do vírus podem circular entre as vacinas atuais, ou a proteção oferecida por essas vacinas pode ter curta duração, entre outras questões potenciais imprevistas, casos em que aspectos importantes das medidas tomadas na quarentena em relação ao trabalho em casa podem continuar. As probabilidades podem ser menores, mas esses cenários devem ser considerados.

Os epidemiologistas advertem que há a possibilidade de surgir um novo agente patogênico, o que resultaria em outra paralisação das atividades. Dada que essa não é uma nova preocupação, é válido perguntar por que virtualmente nenhuma empresa americana havia desenvolvido qualquer espécie de plano sobre o que fazer no caso de uma pandemia. Isso talvez não seja surpreendente, pois quem poderia ter previsto? No entanto, uma década atrás, grande número de empresas, inclusive a minha, tinha planos de contingência para lidar com pandemias, influenciadas pela possibilidade de que o surto de gripe suína de 2009 desencadeasse uma situação realmente ameaçadora para a população em geral. A título de precaução, tínhamos à época protocolos para a implantação do trabalho remoto. O fato de não estarmos preparados para a covid requer reflexão, pois são lições que já deveríamos ter aprendido.

A preocupação final, no curto prazo, refere-se às regulamentações governamentais impostas em muitas localidades e países que ainda limitam a volta dos funcionários aos locais convencionais de trabalho. De modo geral, ao retomarem suas atividades, as empresas se perguntam qual é o melhor modo para isso. As empresas têm de readaptar seus espaço internos para se conformarem aos protocolos de segurança, incluindo o espaçamento entre os colaboradores (menos estações de trabalho e maior espaço entre elas), sistemas de ventilação e ar-condicionado de grande capacidade, anteparos entre colaboradores que devem trabalhar mais próximos, além de restrições na capacidade dos elevadores. Os custos de readaptação desses espaços compensariam por um período temporário? Imagino que a maioria das empresas acredita que não, e consequentemente, muitas adiaram o retorno dos funcionários até que esse tipo de questão esteja resolvido. Assim que acontecer, no entanto, as empresas devem se defrontar com as mesmas escolhas.

No Capítulo 4, considero a reintegração dos funcionários aos locais convencionais de trabalho após o longo afastamento: o retorno bem planejado é a melhor opção. Mas na verdade é uma grande oportunidade de mudar o modo como trabalhamos, o que abordo no Capítulo 5. Se não aproveitarmos essa oportunidade imediatamente, o momento passará.

O que tento fazer neste livro é apresentar fatos e argumentos sobre as políticas e práticas associadas ao trabalho remoto. Não apresento uma lista exaustiva de problemas. Há, por exemplo, vasto conteúdo de conhecimento sobre como os líderes e gestores devem lidar com questões interpessoais no trabalho remoto, são abordados também vários problemas psicológicos que acometem os funcionários nesse modelo de trabalho.[4]

No entanto, devemos começar com as perguntas: É preciso organizar o trabalho remoto? Como? Que problema queremos resolver e o que sabemos sobre a operacionalização dessa modalidade?

Capítulo 1

A Experiência com a covid-19
O Que Podemos (e Não Devemos) Aprender com Ela

Em abril de 2020, um correspondente da ABC News fez algo que, em circunstâncias normais, poderia encerrar sua carreira. A exemplo de inúmeros repórteres televisivos que atuavam durante a pandemia, ele fazia ao vivo uma apresentação de sua casa. No entanto, quando a câmera retrocedeu de uma tomada mais fechada, ampliando o alcance, inadvertidamente, ficou evidente que ele estava sem calças. Algumas pessoas notaram e tuitaram sobre isso, o segmento viralizou nas redes, com rápida disseminação do vídeo.

Ele respondeu dizendo que estava super atarefado fazendo várias atividades ao mesmo tempo, por isso já colocara seus *shorts* de ginástica, pois iria praticar exercícios logo após o vídeo. O episódio foi considerado brincadeira, com ele fazendo gozação de si mesmo. Felizmente para o jornalista, a maioria dos espectadores se divertiu com a situação, provavelmente porque eles também costumavam não se vestir apropriadamente durante as várias reuniões de vídeo que repentinamente foram forçados a fazer, e assim o repórter ficou famoso.[1] Esse foi um sinal de que as normas sobre trabalhar "de casa" haviam mudado.

As circunstâncias do "trabalho de casa" durante a pandemia eram certamente inusitadas. E é crucial aprender o que for possível dessa experiência, pois foi o que gerou interesse no processo. Os repórteres das trincheiras indicam o que foi marcante e surpreendentemente bom, conforme descrito neste capítulo. A experiência de *home office* durante a pandemia pode ter sido bem melhor do que os estudos constataram em épocas anteriores, em parte porque atualmente a comunicação por vídeo está muito mais desenvolvida

Nos Estados Unidos, a pandemia mais importante antes da covid-19 foi a da gripe espanhola, de 1918, que dizimou 50 milhões de pessoas mundo afora (bem mais que os 17 milhões mortos na I Guerra Mundial). Um quarto da população americana contraiu a gripe e o número de mortos no país foi de aproximadamente 675 mil pessoas – seis décimos de 1% de toda a população, incluindo minha avó. Em junho de 2021, essa porcentagem era cerca de um quádruplo da população americana que morreu de complicações da covid-19.

O que mudou, como resultado da pandemia de 1918, que pode nos dar indícios de como persistir após a experiência da covid-19? Vimos, como aconteceu antes, muitas respostas descentralizadas e disputas locais entre o interesse da saúde pública de fechamento das atividades na quarentena e o da economia, que queria manter a continuidade normal das atividades. No decorrer da pandemia de gripe espanhola, várias cidades dos EUA e do mundo impuseram medidas para uso obrigatório de máscaras em locais públicos; em São Francisco começou a vigorar uma multa de 5 dólares para quem infringisse a norma, e para os reincidentes a quantia era substancialmente maior. Em Nova York foram mobilizados grupos de escoteiros para a entrega de cartões de advertência às pessoas que fossem vistas cuspindo na rua.[2] Do mesmo modo que na atualidade, houve também protestos contra essas medidas. Esforços extensivos durante a pandemia para desestimular as pessoas a se beijarem ou apertarem as mãos tiveram algum efeito, mas não duraram muito tempo. Tampouco causaram efeito, mesmo com o medo reinante, em áreas urbanas onde os riscos de infecção eram maiores. As cidades ficavam apinhadas de pessoas assim que eram suspensas as restrições. Seguiu-se uma agitação bem grande nesses centros cosmopolitas, eram os "Loucos Anos 20" [década de 1920], de grande efervescência cultural em vários países do mundo.

O efeito mais importante de longo prazo decorrente da gripe espanhola ocorreu no mercado de trabalho. Foram afetados muito mais homens do que mulheres, com um número muito maior de mortes e de pessoas com algum grau de deficiência entre os primeiros. Esse resultado criou oportunidades para as mulheres, especialmente vagas em fábricas que anteriormente eram dominadas pelos homens.[3] Já na pandemia de covid-19, as atividades que requeriam interações presenciais, como restaurantes e hotéis, foram duramente atingidas. Mas elas retornaram, e o que não ocorreu nesses segmentos foram escritórios operando remotamente.

Como as Expectativas Mudaram Durante a covid-19

O período de aumento de casos em que se começou a considerar seriamente a pandemia de covid-19 nos Estados Unidos, aproximadamente entre o início de março de 2020, e as medidas de fechamento das atividades posteriormente, naquele mesmo mês, foi muito curto. Antes dessas medidas serem tomadas, se falava publicamente que poderia demorar duas semanas para "deter a disseminação do vírus." As empresas tiveram pouco tempo para se planejar, mas esse fator não parecia ser tão importante visto que a pandemia, supostamente, não duraria muito tempo. Em várias localidades, a pandemia foi considerada, no início, algo que em breve desapareceria, como o prolongamento de uma nevasca.

No entanto, quando as medidas governamentais foram anunciadas pela primeira vez, incluíam um período muito mais longo do que se esperava – cobrindo meses e não semanas. Ainda assim, imaginávamos que, praticamente, voltaríamos à situação normal no feriado do Dia do Combatente ou Memorial Day (última segunda feira de maio).

As respostas iniciais das empresas focavam nos aspectos financeiros de uma parada temporária e não em continuar operando. A Marriott International, do segmento hoteleiro, duramente atingido, anunciou que dois terços da equipe corporativa ficaria de licença, uma espécie de afastamento temporário com a possibilidade de eventual recontratação, após dois meses, mas ainda recebendo 20% dos rendimentos. Os demais funcionários teriam uma redução de 20% no salário. Funcionários de outras corporações obtiveram licenças temporárias normais.[4]

Empresas como Amazon e Walmart, que continuaram a operar e cuja maioria dos funcionários atuava presencialmente, foram inicialmente muito generosas. Ofereceram bônus e a opção de ficarem em casa (embora sem remuneração) se estivessem receosos de contrair o vírus no trabalho. Aproximadamente em junho, a maior parte dessa generosidade desapareceu – não ficou claro se os empregadores perceberam que a continuidade da situação indefinidamente faria o dispêndio de dinheiro ser muito alto ou se foi por qualquer outra razão.[5]

No final de maio, era óbvio que a pandemia não estava arrefecendo, além disso havia certa expectativa de que ela poderia aumentar no verão de 2020 (de julho a setembro no Hemisfério Norte). Algumas empresas chegaram a indicar "a reabertura" no Dia do Trabalho. Todavia, a Microsoft chocou a comunidade corporativa ao anunciar que não reabriria seus locais de trabalho antes do verão de 2021, praticamente mais de um ano depois. O que influenciou a conscientização nessa experiência da Microsoft foi o fato de o fechamento das escolas impossibilitar a muitos casais que trabalhavam cuidarem dos filhos e ao mesmo tempo retornarem aos locais de trabalho, mesmo se já fosse seguro. Os efeitos da covid-19 transbordaram para questões familiares que jamais tinham ficado tão claras.

Como não tínhamos ideia da extensão da pandemia e o consequente encerramento de muitas atividades, poucas organizações pensaram que a situação poderia ser tomada como um exercício de aprendizado. Por isso não estavam monitorando o andamento da pandemia, tudo era feito muito rapidamente e de forma meio aleatória.

Também é verdade, infelizmente, que somente uma quantidade pequena de organizações tinha boa ideia do desempenho dos funcionários no trabalho antes da pandemia. Organizações que efetivamente monitoram o desempenho financeiro e os resultados totais do negócio, de modo geral foram bem na pandemia. Mas no que se refere aos funcionários individualmente, provavelmente sabemos menos atualmente do que sabíamos há uma geração atrás. Um exemplo disso foi a constatação de alguns pesquisadores do relato de funcionários de que o relacionamento com seus supervisores efetivamente melhorou durante a pandemia. Será que isso ocorreu apenas pelo fato de eles se verem com menos frequência? Uma explicação mais positiva é que algumas empresas obrigaram os supervisores a conferir o trabalho de todos os subordinados remotos, portanto, aparentemente, passaram a ter contato maior do que quando estavam juntos no local de trabalho.

A pandemia e o fechamento de atividades foram más notícias para praticamente todos os funcionários. Uma estimativa indica que 20 milhões de americanos perderam o emprego apenas no primeiro mês da pandemia.[6] Em maio de 2020, um número estarrecedor de 50 milhões de pessoas – praticamente um terço da força de trabalho –, reportou que não conseguiram trabalhar durante o mês anterior por causa da pandemia,[7] embora muitas dessas pessoas continuassem "empregadas". O produto interno bruto caiu 3,5%; no entanto, algumas estimativas sugeriram que a perda comparada com o nível econômico anterior à pandemia era de mais do que o dobro.[8] Manter empregos e as empresas em operação era muito estimulante e fez os funcionários trabalharem arduamente.

Uma Mudança Gigantesca

Estatísticas governamentais mostram que, no pico da pandemia, 35% dos funcionários trabalhavam completamente na modalidade de *home office*.[9] Se perguntarmos qual a proporção de funcionários cujas funções poderiam ter sido executadas remotamente trabalhando segundo esse modelo, o número é superior a 70%. Isso não quer dizer que agora estamos denominando-o de modelo híbrido. Os funcionários não tinham o poder de escolher trabalhar de casa. Praticamente todos cujas funções permitiam trabalho remoto e não eram "essenciais" estavam em casa. Diferentemente da Grande Recessão, dessa vez as mulheres foram atingidas com mais força, em face da demanda de cuidar dos filhos e da necessidade de instruir os filhos em casa, entre outros fatores. De modo geral, 2,4 milhões de mulheres e 1,8 milhão de homens abandonaram o emprego entre fevereiro de 2020 e fevereiro de 2021, o que significa que ficaram sem trabalho e não estavam procurando recolocação.[10] Esse é um lembrete de que o trabalho remoto não resolve todas as questões envolvidas nesse contexto.

Eu fiz parte dessa mudança para o trabalho remoto. Fui ao meu escritório uma única vez durante a pandemia, somente para apanhar a correspondência.

Não é de surpreender que o montante de trabalho remoto entre os setores foi influenciado pelo número de funções executivas que detinham. Resultados de pesquisas da Harris, de fevereiro de 2021, indicam que a experiência dos funcionários também foi muito variada. Trinta e três por cento deles afirmaram que suas horas foram cortadas, por exemplo, mas 15% apontaram um acréscimo de horas trabalhadas durante a pandemia.[11]

Um dado novo nessas pesquisas é a *furlough,* (um tipo de dispensa) – modalidade praticada nos EUA muito semelhante à licença temporária. Oito por cento dos funcionários passaram pela primeira medida enquanto 11% sofreram a segunda. O primeiro grupo não foi afastado das empresas e havia expectativa de retorno. Algumas empresas remuneraram esses funcionários enquanto eles aguardavam a readmissão, e por medida governamental puderam obter o seguro-desemprego durante a pandemia. Resumindo, cerca de 20% da força total norte-americana de trabalho ficou fora do trabalho.

Há um grande número de levantamentos sobre funcionários e suas experiências durante a pandemia, mas nenhuma delas é tão detalhado como o conduzido pela Adecco. Foram pesquisados 8 mil funcionários em regime integral de trabalho no início da pandemia; eles reportaram que suas atividades foram alteradas de modo significativo, normalmente por terem de trabalhar remotamente, alguns em outros países. A narrativa foi muito positiva. De modo geral, a maioria reportou que obteve melhor qualidade no trabalho, na vida e no próprio bem-estar. Uma das poucas características que piorou foi o relacionamento com os colegas.[12]

Uma das complicações da generalização de relatos de que o trabalho de casa teve desempenho positivo é que os funcionários presenciais nas empresas e os dos serviços essenciais também aparentemente tiveram bons desempenhos durante a pandemia, o que parece sugerir que ter a empresa como "ponto de convergência" na crise foi o que gerou resultados positivos.

Os resultados podem também ser diferentes em função da época que o desempenho foi medido. O desempenho caiu assim que a novidade se exauriu? Sabemos que as empresas americanas desistiram de algumas linhas de suporte que haviam fornecido no início da pandemia quando ficou claro que a paralisação das atividades iria prosseguir por um período mais longo. Várias pesquisas trouxeram resultados similares, sugerindo que os desempenhos não foram piores, em média foram indiscutivelmente melhores durante 2020.

Quando foi feita a pergunta se as empresas pensavam que o exercício do *home office* como um todo havia sido um sucesso, a resposta obtida em uma pesquisa da PwC muito provavelmente se devia mais às empresas do que aos próprios funcionários: 83% contra 71%.[13] Uma avaliação como essa pode muito bem depender das expectativas, e os funcionários podem ter antecipado que era pior para as organizações do que para eles propriamente. Era difícil imaginar, em março de 2020, que teríamos um *boom* no mercado de ações durante um ano de pandemia. Outra complicação na interpretação dos resultados positivos de organizações e funcionários é que havia outro fator em jogo afetando o desempenho do trabalho e acompanhava o trabalho de casa: além de conferir aos funcionários maior controle sobre seu próprio trabalho, o *home office* criou um senso de obrigação. Os funcionários entenderam que embora o trabalho de casa fosse necessário para as empresas, também representava uma considerável acomodação para eles, que, de outra forma estariam desempregados, numa condição similar à de 20 milhões de americanos. As empresas, por outro lado, depositaram grande confiança nesse relacionamento do modelo de *home office*, com a certeza de que, se tivessem o controle das tarefas, os funcionários concluiriam seu trabalho.

Já faz algum tempo que os pesquisadores reconheceram o poder normativo da reciprocidade no ambiente de trabalho. A ciência comportamental se refere a isso como uma troca social: as organizações cuidam dos funcionários, que, por sua vez, sentem-se na obrigação de responder tomando conta dos interesses dos empregadores.

No entanto, nem todas as pesquisas com empresas sugeriam que a metodologia ia bem. Um estudo conduzido no Reino Unido, na Europa e na Ásia constatou que cerca de dois terços das organizações indicaram que o ânimo de suas equipes havia caído durante a pandemia.[14] Tampouco é claro o que estava sendo medido quando se pediu opinião sobre o desempenho do *home office*. As respostas "melhor" ou "pior" foram formatadas pelas circunstâncias anteriores.

Quando recorremos a medidas mais objetivas, um dos argumentos a favor do trabalho remoto citado pelos funcionários foi a economia de não terem de se deslocar ao local de trabalho, possibilitando que trabalhassem mais horas. Há evidência sobre isso com base em estudos de um *call center* na China, que abordo no Capítulo 2, e de um estudo feito pela companhia Prodoscore, cuja atividade é medir e monitorar a produtividade dos funcionários em funções ligadas à TI. Os estudos encontraram evidências de que o desempenho era alto durante a pandemia, mas depois houve acréscimo de horas, cerca de uma hora adicional por dia nos dados de janeiro de 2021, em comparação com dados anteriores ao *lockdown*.[15] Mas nem todos os estudos constataram isso. Uma pesquisa cuidadosa e recente sobre funcionários altamente especializados em serviços de TI durante a pandemia constatou que embora o desempenho se mantivesse estável no período de *home office*, as horas trabalhadas aumentaram cerca de 30%, e isso significa que houve queda na produtividade. Dados de um *software* analítico da força de trabalho descobriram que os funcionários passaram mais tempo em reuniões do que antes da paralisação e os que tinham filhos trabalharam mais horas do que os sem filhos.[16]

A Figura 1.1 detalha como o tempo economizado pela falta de deslocamentos era dividido entre atividades relacionadas ou não ao trabalho.

Um "Novo Normal" ou "Uma Aberração"?

Após indicações iniciais das empresas sobre mudanças favoráveis ao *home office*, vimos um pouco de retrocesso no entusiasmo. Embora o Facebook tenha sido uma das corporações líderes na defesa do traba-

Figura 1.1. Como os Funcionários em Trabalho Remoto Alocaram um Tempo Adicional

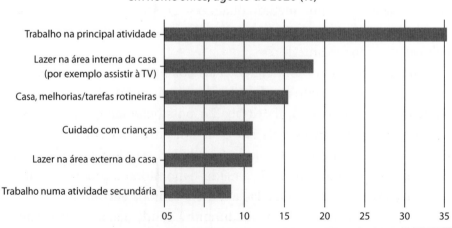

Fonte: Becker Friedman Institute, *Wall Street Journal*.

lho remoto para ao menos um grupo de funcionários, seu CEO Mark Zuckerberg tem sido mais cauteloso recentemente sobre questões de desempenho no longo prazo. Por exemplo, ele estimou que metade de seus funcionários "realmente apenas desejavam retornar o mais rapidamente possível a seus locais convencionais de trabalho", além de mencionar a perda de conexões interpessoais. "Não está muito claro, nesse momento, se estamos todos justamente nos afastando dos laços que se desenvolveram antes disso iniciar", disse ele.[17]

O CEO David Solomon, do Goldman Sachs, expressou essa mesma percepção: "Para uma atividade como a nossa, com caráter inovador e uma cultura de aprendizado colaborativo, a modalidade de *home office* não é a ideal. Ela não é um novo normal, e sim uma aberração que iremos corrigir assim que possível."[18]

Uma das poucas empresas a relatar um esforço sistemático para aprender como o trabalho mudou com essa abordagem de *home office* foi a Microsoft, embora apenas uma pequena parte da organização.[19] A equipe constatou que o número de reuniões de videoconferência no Zoom aumentara, mas com menos tempo de duração do que as reuniões presenciais, estimado como inferior a 30 minutos. Foi também constatado aumento de trabalho aproximadamente após a hora do jantar, influenciado talvez pelas famílias cujos filhos se acalmavam com as atividades nesse horário. O trabalho ficou mais desfocado nos finais de semana do que antes da pandemia, além da constatação de que alguns grupos adotaram medidas ativas para proteção das horas pessoais, como o cancelamento de reuniões às sextas-feiras. Uma das conclusões surpreendentes, diante dos aparentes benefícios para a vida familiar de se trabalhar de casa, parece ser a extensão com que o trabalho remoto se intrometeu nas fronteiras entre trabalho e vida pessoal, que eram mais claras antes da pandemia.

O professor de Stanford Robert Sutton reportou como o trabalho remoto está evoluindo citando o exemplo da nova aba do Zoom, desenvolvida para tornar a prática mais acessível a amadores. Especificamente, ele observava as conversas da coluna lateral na função *chat*, algumas interessantes (particularmente quando os usuários se esquecem de marcar suas mensagens como privadas), e que desviam a atenção. Ele apontou que grupos mais perspicazes fizeram um acordo antecipado para evitar que essas conversações privadas se prolongassem.[20]

Além da questão das horas trabalhadas, é efetivamente mais fácil trabalhar de casa, em oposição a ser apenas mais conveniente e evitar tempo de deslocamento? É verdade que podemos dormir mais, até alguns minutos antes de reuniões, e apenas precisamos nos mostrar apresentáveis da cintura para cima, mas há outros problemas peculiares com o *home office*, como mostra a figura 1.2.

Os defensores da perspectiva do "novo normal" no trabalho remoto observam, corretamente, que as videoconferências são de longe muito melhores do que antes da covid-19, porém permanece o problema de muito mais pessoas ficarem dependentes da tecnologia. Quando uma equipe inteira de recrutamento está trabalhando remotamente, as reuniões dependem dos serviços individuais de internet, do computador de cada integrante e da capacidade de cada um em manter o *software* atualizado e saber utilizá-lo. As questões tecnológicas – o principal problema da enquete na figura 1.2 – não são eliminadas por um *software* melhor. A segurança tecnológica ao se distribuir trabalho remoto tem permanecido fora da discussão pública, mas exige a atuação de especialistas em segurança.

Figura 1.2. Em que Aspectos o Trabalho Remoto Teve Fraco Desempenho?

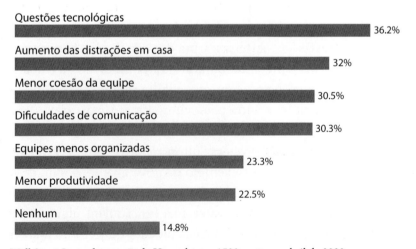

Fonte: Wall Street Journal, enquete da Upwork com 1500 gestores, abril de 2020.

Outra complicação para conhecermos os efeitos reais do trabalho remoto durante a pandemia é que não tínhamos muito senso do desempenho anterior. Suponha, por exemplo, que foram constatados resultados indicando que os funcionários imaginavam que reuniões no Zoom funcionassem tão bem quanto as reuniões presenciais, mas sabemos que, antes da pandemia, a maioria deles achava que as reuniões eram desperdício de tempo, pois eram mal conduzidas, desnecessárias, ou ambos os casos.[21] A conclusão apropriada não é que não há nada a ser ganho com reuniões presenciais, mas que conduzimos nossas reuniões de forma tão ruim que não importa se forem feitas segundo o modelo remoto ou presencial.

Qual É a Implicação para as Empresas? Os Locais Convencionais de Trabalho Estão Sendo Reativados

A manchete anunciava o futuro: "A Cidadela dos Locais de Trabalho Desmorona". O relato descrevia como as empresas estavam usando novas tecnologias para fazer as pessoas trabalharem fora de seus locais convencionais de trabalho, o que reduz o impacto imobiliário, além de economizar dinheiro no processo – isso foi em 1995.[22]

O incentivo para o *home office* foi resultado de um esforço para eliminar os custos imobiliários. O desafio de os funcionários poderem gerir essa transformação veio depois. Começou como uma onda no corte de despesas nos anos 1980 seguida da pressão para aumentar o valor das ações das corporações. O fator imobiliário se tornou muito importante quando as empresas compreenderam os montantes de capital alocados em armazéns, escritórios e outros locais de trabalho improdutivos.[23]

O espaço nos escritórios começou a encolher. A área de um local típico de trabalho diminuiu cerca de um terço entre os anos 1970 e o início de 2010, e o tamanho dos cubículos encolheu de 25 a 50% durante os anos 1980.[24] As empresas também redesenharam esses espaços para deixá-los mais modulares e padronizados de modo que pudessem ser compactados rapidamente.[25] No entanto, estando vazios, constituíam outro problema: um espaço de trabalho vazio – mesmo de pequeno porte –, transmite a aparência de que a empresa desperdiça dinheiro com locais de trabalho.

32 *Home Office*, Trabalho Remoto ou Presencial

Essa noção se manteve mesmo com funcionários operando no campo, fora dos escritórios. A primeira e mais simples resposta era se livrar de todos aqueles escritórios. A IBM alegou que havia cortado 75% dos custos imobiliários em uma divisão por manter seus consultores em trabalho remoto. (Isso deu início a uma brincadeira em que a sigla IBM já não mais representava *I've been moved* [eu me transformei] e sim *I'm by myself* [eu estou sozinha], porque suas realocações corporativas cediam lugar à telecomutação). Em 2009, a empresa alegou ter 40% dos funcionários em trabalho remoto, e o resultado era que estava economizando 100 milhões de dólares em despesas imobiliárias.[26]

A AT&T migrou 10 mil executivos de contas para o estado virtual, afastando-os de seus locais convencionais de trabalho; a Dun & Bradstreet reduziu o espaço de locais de trabalho em Dallas pela metade, com tecnologia que possibilitava o trabalho remoto aos funcionários. A Ernst & Young fez um corte de 40% no escritório de Nova York ao deslocar seus consultores para o campo, afastando-os de seus locais permanentes.[27] Analisando a ineficácia de escritórios vazios, uma série de observadores concluiu que, no ano 2000, a maioria dos funcionários não teria absolutamente mais locais de trabalho.[28]

No entanto, nem todos os locais convencionais de trabalho podem ser eliminados para funcionários que não ocupam esses espaços diariamente. Até mesmo consultores e representantes de vendas precisam voltar ao escritório para fazer reuniões ou atender clientes. Essa é a definição contemporânea de um modelo "híbrido", em que trabalham remotamente alguns dias, mas devem ir ao escritório em outros. O problema do lado das empresas é que um espaço desse vazio custa tanto como o de um ocupado.

A saída foi a inovação de que você poderia ter um escritório quando trabalhasse internamente, mas não seria o seu próprio escritório. Esse método é conhecido por *hoteling*, em que um funcionário em atividade interna tem um espaço temporário, similar ao de hóspedes em um hotel. A ideia era tão simples como pedir a cinco funcionários que ficavam fora da empresa na maior parte do tempo para compartilharem um único escritório; com isso se reduziria o espaço de cinco escritórios para um. A ideia de "dividir" o uso de um escritório não parece, no entanto, nada profissional – cinco pequenas estações de trabalho espremidas no mesmo espaço como escrivaninhas de alunos de faculdade? Em vez de um ambiente desconfortável, os funcionários teriam um espaço genérico com uma única estação de trabalho. Eles poderiam reservá-lo quando estivessem na cidade, como em um hotel. Se agradasse aos empresários ou esperassem a visita dos funcionários que necessitavam receber clientes nesse escritório compartilhado, era permitido que o personalizassem com fotografias pessoais, elementos decorativos etc., que eram trazidos e arrumados sempre que necessário.

Várias empresas tentaram algo parecido, mas a Ernst & Young aparentemente foi a pioneira, em 1993, com seus consultores no escritório de Nova York. O problema dessa prática, notado pela maioria dos observadores, é o desafio da cadeia de suprimentos. Se, eventualmente, todos os consultores virtuais comparecessem ao mesmo tempo, não haveria estações de trabalho suficientes.

O nível máximo e eventualmente o nível mínimo também, para o *hoteling* e o trabalho remoto em geral, surgiu em um anúncio da agência de publicidade Chiat, famosa por sua criatividade e êxito nos negócios. Jay Chiat, o diretor executivo da agência e poderoso chefe, tinha a ideia de que a estrutura física do local de trabalho da Ernst & Young era desnecessária e tolhia a criatividade, então ele redesenhou novos espaços, primeiro em Nova York, depois em Los Angeles, com duas inovações profundas muito relevantes para esse momento do *home office*.

A primeira consistia em dar a todos os funcionários *laptops* e celulares e informá-los que poderiam atuar virtualmente, onde e quando desejassem. A segunda foi a criação de uma versão extrema de escritório aberto: não haveria um espaço privado, tampouco estações de trabalho. Os funcionários tinham armários para guardar seus objetos pessoais. No lugar de estações de trabalho, havia conjuntos de mesas e sofás, um local central de reuniões, salas de videoconferência e uma bizarra coleção de carros coloridos antigos extraídos de velhos parques de diversão, em que uma dupla podia se sentar e conduzir uma sessão de *brainstorming*.

A crítica adorou o estilo da edificação e suas ideias subjacentes, esses espaços receberam grande atenção. Os funcionários foram mais céticos e ficou a percepção de que as pessoas não conseguiam ter alta produtividade se afastadas de um local convencional de trabalho. O espaço compartilhável no escritório comprovou ser uma fonte de competição à medida que os funcionários disputavam as locações preferenciais. Eles ainda acumulavam artigos e equipamentos de escritório em vez de devolvê-los assim que acabassem suas tarefas. Como não havia um espaço privado, o pessoal da unidade de Los Angeles guardava arquivos e outros materiais no carro e corriam até o estacionamento para pegar documentos e outros itens quando necessitavam. Em resumo, o escritório aberto parecia fomentar a competição e não a colaboração.

Quando a agência foi vendida, os novos donos logo montaram esses escritórios para os executivos, adicionaram uma mesa e instalaram um fone fixo para todos, tentando com isso criar um ambiente e convencê-los a permanecer no local.[29]

Apesar da implosão do escritório da Chiat, o interesse em *hoteling* e telecomutação não diminuiu imediatamente. Impulsionadas pelo potencial da internet de facilitar o trabalho remoto, as previsões na virada do milênio sugeriam que mais de um quarto da força de trabalho norte-americana poderia estar usando a telecomutação em 2006.[30]

Todavia, nenhuma previsão decolou como esperado. Um artigo do *Wall Street Journal* mencionou que as empresas estavam se afastando dessas inovações e concluía com a constatação de que todo o entusiasmo fora impelido, em parte, pelo mercado de trabalho – tanto a escassez de espaços como a de candidatos desejando trabalhar neles. À medida que o mercado começava a esfriar, o mesmo ocorreu com o interesse no trabalho virtual.[31] Em meados da primeira década do século 21, o jornalista da *CIO Magazine* Thomas Wailgum sugeriu que o trabalho virtual e o *hoteling*, em particular, tinham simplesmente desaparecido.[32]

Algumas empresas ainda usavam ao menos alguma forma de *hoteling*. Praticamente em todas as empresas com múltiplas locações os gestores de outras unidades podiam "se conectar" quando estivessem viajando ou próximos. As consultorias, em que os colaboradores passavam a maior parte do tempo com clientes em diferentes localidades, usavam parcialmente o *hoteling*, segundo suas necessidades. Porém, aparentemente, o interesse inicial nessa modalidade de trabalho arrefecera abruptamente. Não há uma razão definitiva que explique o que aconteceu, mas é cômodo dizer que a maioria dos colaboradores prefere ter seu próprio escritório, e os mais experientes, que haviam perdido seu espaço, tinham a predisposição de se preocuparem demasiadamente com isso. Se estou chegando à minha unidade para ver meus colegas de trabalho e eles estão espalhados no *hoteling*, provavelmente não os encontrarei pessoalmente. Com isso será preciso marcar uma reunião para nos vermos, e o fato de que podemos compartilhar um espaço temporário na mesma localidade não é mais conveniente do que ter um encontro, por exemplo, no Starbucks.

Se você é um colaborador cujo plano para o futuro se baseia no *hoteling*, vale a pena pensar na razão porque essa prática decaiu tão rapidamente. Algumas empresas estão preparadas para tentar implementá-lo novamente, ou talvez nem saibam o que ocorreu na primeira tentativa. O HSBC anunciou em abril de 2021 que seus colaboradores perderiam os escritórios privados da sede londrina, mas adotariam um modelo de *hoteling*, em que os espaços disponíveis seriam 40%[33] reduzidos. Por que não se espera o mesmo resultado ocorrido no passado, não ficou muito claro.

Uma razão pela qual o interesse no *hoteling* diminuiu pode ter sido o fato de que inúmeras organizações, especialmente as do setor de tecnologia, migraram para outro modelo que talvez seja mais econômico. Nesse modelo, em um espaço aberto, os escritórios individuais são descartados em favor de grandes salas abertas, com mesas compartilhadas e não individuais.

A justificativa para esse *design* é que aumenta a colaboração, com base em pesquisas que mostraram que as pessoas tendem a interagir mais com quem estão fisicamente próximos. Porém, a extensão desse argumento – se apenas agruparmos mais as pessoas, obteremos maior interação – não é comprovadamente válida. Qualquer um que já tenha atuado em um local de trabalho aberto está familiarizado com esse tipo de ambiente: os colaboradores sentam-se próximos uns dos outros, como em uma biblioteca tradicional, mas os olhares estão fixos nas telas de computadores e com fones de ouvido para evitarem a escuta paralela em volta deles.

Além disso,é comum, quando há um número grande de pessoas em espaços limitados, que surjam barreiras pessoais de comportamento, e tudo isso reduz muito as interações.[34] A falta de privacidade, de um espaço próprio e de tranquilidade são as razões principais que fazem os funcionários detestar esse formato de espaços abertos.

A razão de permanecerem é que são menos dispendiosos, mas não atendem aos requisitos da pandemia, pois é impossível mantê-los e seguir os protocolos de saúde. De fato, um modo melhor de prever o que as empresas esperavam fazer após a suspensão de todas as restrições, antes de reativarem os locais convencionais de trabalho é descobrir quais delas têm espaços abertos e ainda pretendem utilizá-los.

O que fazer com esses espaços é uma questão discutível. Como descrito no próximo capitulo, verificou-se que os custos de manutenção desses espaços abertos são praticamente idênticos aos de mantê-los abertos o tempo inteiro. A alternativa menos dispendiosa, do ponto de vista imobiliário – é os funcionários trabalharem permanentemente de forma remota – mas também parece ser a pior para eles e para o desempenho geral.

Mudança para o Trabalho Remoto: Pontos a serem Lembrados

- Relatos sobre o *home office* têm sido amplamente positivos, mas para parafrasear Samuel Johnson, "não é tanto que ficamos muito surpresos de constatar seus bons desempenhos, mas sim poder vê--los implementados". Parecia impossível as organizações conseguirem sobreviver com seus locais de trabalho fechados por cerca de dois anos.
- Além dessa situação extremamente complicada, é difícil tirarmos conclusões sobre a melhor forma de desempenho individual dos funcionários, pois há outros fatores de estímulo além do trabalho remoto.
- Os custos para muitos funcionários que trabalham em *home office* podem valer a pena, porém, diferentemente da condição encontrada durante a pandemia, dar às pessoas a possibilidade de escolher seu local de trabalho cria um problema.
- Não devemos esperar que o trabalho remoto resolva todos os problemas pessoais e profissionais dos funcionários. O resultado depende de como os gestores o executam.

Capítulo 2

De Volta para o Futuro
Como Funciona o Trabalho Remoto

A manchete do jornal *Washington Post* estampava: "As pessoas jamais terão de ir novamente ao trabalho". O artigo descrevia como as inovações da área tecnológica possibilitariam a escolha de qualquer local em que se desejasse trabalhar. O ano era 1969.

A *habilidade* para trabalhar em casa não é algo novo. Ela remonta à época pré-industrial da Inglaterra e da Europa Ocidental do século 17, ao processo doméstico de trabalho, em que operários e suas famílias participavam de um processo de manufatura ou têxtil em sua própria casa, organizado por um mercador local. As fabricas finalizavam o serviço, com a vantagem de terem capital centralizado em equipamentos e a necessidade de os operários estarem em suas instalações para utilizá-los.

Nos Estados Unidos, o trabalho remoto em funções administrativas data da crise da poluição atmosférica em Los Angeles, na década de 1970, em que a necessidade de reduzir os índices de poluentes gerados pelos carros interrompeu temporariamente o transporte até o trabalho. Muitas pessoas foram obrigadas a trabalhar de casa, criando-se o termo "telecomutação", pois o telefone era o único meio de comunicação com o local de trabalho à época.

À medida que mais trabalho passou a ser feito em computadores – que podiam ser levados para casa – e pelo fato de nem a internet nem outros sistemas computacionais precisarem estar vinculados a uma locação particular, trabalhar remotamente se tornou muito mais simples. Em vez de "telecomutar", os termos que passaram a ser usados foram trabalho remoto ou virtual. Estimativas sugeriam que 10% da força de trabalho estava atuando em alguma forma de telecomutação na década de 1990. Esse

38 *Home Office*, Trabalho Remoto ou Presencial

número aumentou para 17% em 2010, e as previsões indicavam que a maioria da força de trabalho em breve estaria trabalhando de casa.[1]

Enquetes feitas pelo Pew Research Center indicavam que um grande contingente de funcionários regulares já trabalhava de casa em algum momento antes da pandemia – com números próximos a 20%, embora poucos deles em período integral.[2]

Essa porcentagem não incluía pessoas envolvidas em trabalhos temporários e/ou que atuavam como *freelancers*. Esse grupo, no entanto, não ocupava uma fatia significativa da força de trabalho como imaginado pela maioria dos analistas (apenas cerca de 6% segundo dados censitários americanos).

Os pesquisadores chegaram a essa conclusão de direções muito diferentes. Primeiramente, durante a época dos juros altos da década de 1990, a grande questão da administração era simplesmente: Como seria essa abordagem? Se os funcionários fossem afastados de seus locais de trabalho o que ocorreria? Esses estudos são um indicador-chave para o modelo "híbrido" do qual falamos atualmente, em que uma parcela das pessoas trabalha remotamente e outra, não.

Uma enxurrada de pesquisas sobre trabalho remoto, telecomutação e escritórios virtuais ocorreu próximo à virada do milênio com foco nas questões interpessoais: O que acontecerá às pessoas que trabalham remotamente e como será seu desempenho? A conclusão da vasta literatura sobre esses temas não foi, em resumo, muito boa.[3] Aparentemente, os colaboradores pioravam em muitas dimensões associadas a suas funções. Era também um cenário desafiador para os colegas e supervisores fazer com que fossem bem-sucedidos.[4]

Surpreendentemente, o tópico principal também não era a grande quantidade de horas trabalhadas em casa, mas sim trabalhar de casa enquanto todos os demais estavam no local de trabalho tradicional. Esse não foi o caso durante a pandemia, em que praticamente todos os funcionários atuaram em *home office*. Assim, prestar atenção nas pesquisas sobre o período da telecomutação pode ser mais útil do que focar no que as pessoas disseram sobre suas experiências na pandemia.

As conclusões das pesquisas aplicam-se às pessoas que de modo geral trabalham remotamente, e não àquelas eventualmente dispensadas em uma noite de sexta-feira. Se lhe for dada a oportunidade de continuar trabalhando no *home office*, você aceitaria? E se puder escolher quantos dias deseja trabalhar nessa modalidade, qual seria o número adequado de dias?

Algumas Questões Importantes – para os Funcionários

Se lhe for oferecida a oportunidade de continuar trabalhando no *home office*, a primeira e mais óbvia coisa a considerar é "Se o trabalho remoto não está sendo oferecido para todos, por que está sendo oferecido para mim?".[5]

Sabemos de pessoas que estão afastadas de seus locais convencionais de trabalho que elas recebem menos informações, especialmente sobre oportunidades de ascensão, pois não participam das conversas presenciais regulares. Mesmo se estiverem obtendo resultados idênticos ao de seus pares do ponto de vista profissional, os que estão em *home office* podem ficar menos visíveis aos gestores.

Os colaboradores virtuais têm menor probabilidade de se sentirem incluídos em atividades valiosas na organização e de serem parte das principais decisões estratégicas do que seus colegas que atuam no local de trabalho.[6] Se você não estiver no escritório onde são tomadas as decisões, é fácil ser considerado de menor importância, e esse rótulo pode se tornar uma profecia autorrealizável: visto que você aceita o trabalho remoto, será que essa decisão pode ser percebida como um sinal de menor comprometimento com a organização?

Nós já ouvimos líderes corporativos mencionar esse problema, inclusive de maneira um tanto deselegante. O CEO da plataforma WeWork disse que os colaboradores iriam considerar os que optam pelo *home office* menos comprometidos – "menos engajados" – do que aqueles dispostos a retornar aos locais convencionais de trabalho (se a empresa também oferece espaços físicos). A editora-chefe do periódico *Washingtonian*, uma revista mensal, chegou a sugerir algo ainda mais diretamente: "É mais fácil dispensar pessoas que não vemos regularmente". Ela escreveu e publicou essa frase numa chamada de boa visibilidade enquanto sua própria equipe estava trabalhando remotamente, o que gerou a paralisação de seus colaboradores por um dia.[7]

Quem Retorna para o Escritório?

Uma questão correlata é: Quem vai retornar ao local convencional de trabalho? Quanto maior o número de colegas que voltarem, será pior para quem permanecer no modelo de *home office*. Pesquisas anteriores sobre colaboradores remotos indicam que eles são mais profissionais e socialmente isolados, portanto, menos engajados que os demais. Quanto maior for o número de pares que voltarem, pior será o isolamento.[8] Os colaboradores remotos supostamente perdem a interação interpessoal e o aprendizado informal que ocorre naturalmente pela observação dos demais no trabalho. Os que atuam frequentemente na telecomutação têm relacionamentos de menor qualidade com os colegas de trabalho e quanto mais ficam nessa modalidade piores são as consequências.[9]

E mais, se vários de seus colegas não estão na telecomutação, há grande probabilidade de você ser percebido como exceção, um funcionário atípico mesmo por seus pares. É cômodo para os integrantes "estabelecidos" de equipes desenvolverem uma mentalidade de grupo e tratarem os que estão fisicamente presentes melhor do que os ausentes. De fato, alguns líderes tentam criar essa mentalidade – a abordagem do "nós contra os outros" – para agrupar a equipe em torno da causa. O isolamento profissional pode depreciar o desempenho no trabalho por vários fatores, incluindo a falta de conhecimento de normas ou condutas apropriadas da organização, além do conhecimento contextual, como por exemplo, trabalhar com certos clientes.

O tempo de contato presencial, infelizmente, talvez importe. Os gestores tendem a atribuir traços de personalidade mais positivos e menos negativos aos colaboradores que passam muito tempo no local de trabalho. É mais difícil eles verem as horas alocadas por quem está atuando de casa, mesmo se trabalharem mais horas do que seus pares no escritório. A distância também gera dificuldades aos colaboradores para se engajarem no "gerenciamento por impressão", influencia no modo como são percebidos. Conforme expresso em um ditado, "os que não estão à vista podem ser esquecidos". Uma pesquisa recente sobre funcionários de duas grandes empresas globais de desenvolvimento de produtos, listadas entre as 100 melhores da *Fortune*, constatou que os funcionários não alocados na sede da organização tinham muito mais dificuldade para sinalizar seus compromissos aos gestores e, portanto, de assegurar melhores oportunidades na carreira.[10]

Em compensação, os que estavam em trabalho remoto se engajavam em mais ações para impressionar seus gestores, alertando-os sobre suas conquistas e outras atitudes similares de autopromoção. Esses funcionários descobriram que era preciso aceitar tarefas, como projetos dos quais realmente não estavam dispostos a participar e reuniões em horários que lhes eram inconvenientes. De modo geral, reportaram que se sacrificavam mais que seus pares empreendendo ações voluntárias, como fazer horas extras ou trabalhar até mais tarde. A consequência é que o trabalho remoto acaba impondo uma penalidade aos funcionários, particularmente em termos de sacrifícios pessoais, que geralmente leva ao desligamento ou à rotatividade desses profissionais.

Alguns deveres ou experiências de desenvolvimento não podem ser reproduzidos no trabalho virtual, como almoçar com um cliente importante. Embora as empresas consigam formalizar certos tipos de treinamento que podem ser entregues *on-line*, o desenvolvimento informal como mentoreamento ou aprendizado pela observação dos pares é muito mais difícil de ser reproduzido fora do local de trabalho.

De acordo com o que esses estudos começam a sugerir, o funcionário deve pensar: Meu desejo é ser apenas um colaborador regular ou almejo uma posição de gestor? Se você deseja subir na carreira corporativa, o caminho até o topo ainda é lubrificado pela proximidade com os que estão no poder. Uma pesquisa do governo americano conduzida antes da pandemia constatou que funcionários em *home office* tinham 40% menos probabilidade de serem promovidos em comparação aos pares que atuavam em locais convencionais de trabalho.[11] Observamos resultados negativos similares em estudos de *call centers* (descritos mais à frente). Pesquisas constataram que é preciso estar cercado de poderosos para ser promovido, ainda que o colaborador em *home office* desempenhe tão bem quanto outro atuando presencialmente no trabalho.[12]

Que Tipo de Trabalho Eu Faço?

A terceira questão é: Qual é sua função? As tarefas mais fáceis de executar remotamente são as de colaboradores individualizados, pois não exigem muita interação com os demais. Trabalhadores remotos relatam uma satisfação muito grande quando seus trabalhos têm portabilidade simplificada entre as localidades, como nos casos em que podem ser realizados independentemente, sem muita relação com os outros integrantes da equipe. A ressalva é que funções como essas são também as mais fáceis de ser terceirizadas, e as empresas têm feito esforços nessa direção.

Se seu trabalho envolve um projeto com terceiros, há muitas questões a considerar, e se o restante da equipe está atuando presencialmente, você tem grande chance de ser marginalizado. É importante ter o trabalho bem documentado, pois há funcionários que provavelmente não responderão às mensagens da equipe no tempo apropriado, tampouco darão acesso a dados críticos quando estiverem afastados do restante da equipe.[13] Aparentemente, as barreiras de comunicação devem estar no cerne disso. Os colaboradores presenciais de modo geral não entendem as prioridades de seus pares virtuais, pois é mais difícil expressá-las via tecnologia.

Um estudo com equipes distribuídas constatou que parceiros que trabalham remotamente com frequência interpretam erroneamente o silêncio. O estudo descobriu que o silêncio significava coisas diferentes para pessoas distintas, desde concordar expressamente, discordar fortemente ou ser ignorado.[14] É difícil saber interpretar atitudes como essa sem um conhecimento mais completo. Um achado universal em estudos sobre trabalhos em equipe é que os problemas de comunicação aumentam o tempo de execução dos projetos. Algumas informações, como problemas pessoais ou questões com algum colega, não são confortáveis para serem transmitidas eletronicamente, pois os colaboradores podem relutar a apresentar um relato escrito dessas informações. A comunicação direta, face a face, é sem dúvida o meio mais rico de comunicação.

Também é fácil defrontar inequidades quando alguns trabalham em *home office* e os outros não. Um estudo constatou que tanto os colegas como os supervisores podem relutar em chamar os que estão trabalhando em casa para resolver alguma questão premente por ter receio de se intrometer na vida pessoal e acabam recorrendo aos colegas presenciais.[15] Isso pode gerar problemas de imparcialidade nas contribuições. Equipes remotas têm mais conflitos internos do que as que trabalham presencialmente nos escritórios, devido aos desafios de comunicação.[16]

Quem É Meu Chefe?

A última série de questões é sobre como eu serei acompanhado remotamente. Quem me supervisionará?

Surpreendentemente, funcionários geridos por supervisores menos experientes podem estar em melhor situação na modalidade remota, pois o maior empecilho dos novos supervisores é a tendência ao microgerenciamento, um aspecto que tende a desmotivá-los. Essa prática é muito mais difícil de ser executada no trabalho remoto. Quanto mais complicado o projeto, no entanto, maior a necessidade de supervisores experientes, com as conexões corretas, para anteciparem e solucionarem problemas de recursos e com acionistas.[17] Se você precisa executar tarefas de fácil compreensão, tudo bem ter um supervisor inexperiente. O que conta como experiência nesse caso é ter alguém com muitas conexões e informações internas da organização para encontrar os recursos e desviar dos problemas que seus subordinados remotos não conseguem ver.

Finalmente, como a empresa geriu o trabalho remoto durante a pandemia? Em que direção estavas seguindo? É mau sinal se foi investido dinheiro em programas de identificação de bisbilhotices que monitoram o que os funcionários estão fazendo observando as telas dos computadores. A principal razão por que as pessoas desejam trabalhar no *home office* é não ficarem atadas à mesa de trabalho. Elas podem se afastar um pouco e fazer algo importante em prol de sua vida pessoal nesses períodos. *Softwares* que visam impedir ou neutralizar essa flexibilização vão contra a razão de ser do *home office*. Trabalhos anteriores constataram que o grau de autonomia e de flexibilização obtido pelos funcionários é um fator determinante para a extensão com que o trabalho de casa equilibra a vida pessoal e a profissional.[18] Se a organização está monitorando e microgerenciando, talvez a iniciativa com o *home office* não valha a pena.

Será muito mais fácil trabalhar de casa se sua empresa tiver esclarecido completamente como será a gestão do desempenho: explicar o que deseja que você faça e como quer medir isso, e exigir dos supervisores mais confirmações a respeito do que você está entregando, para eliminar problemas.

O Equilíbrio Evasivo entre Vida Pessoal e Profissional

O conceito do trabalho em *home office* parece um ótimo meio de conciliar as inúmeras exigências de equilibrar um emprego de tempo integral com as tarefas rotineiras de casa, e que, portanto, em muitas ocasiões exige que estejamos nos dois lugares ao mesmo tempo. Imaginamos que seria muito mais simples gerir esses conflitos se pudéssemos estar fisicamente em casa e virtualmente no escritório.

Há, certamente, outro aspecto a se pensar quando você tem seu escritório em casa e sua casa passa a ser seu local de trabalho. Pesquisas anteriores mostram que embora a casa represente uma pausa do local de trabalho, o fato é que trazer os problemas do trabalho para casa interfere na vida pessoal. Se jamais fôssemos para casa, não haveria essa escapada do local de trabalho. O dia útil de trabalho jamais cessaria.

Isso ocorrerá com o trabalho remoto? As evidências pré-covid sobre esse problema são ambíguas e dependem muito do contexto, porém, a telecomutação aparentemente não melhorou tanto assim o trabalho nem a vida privada das pessoas. Há ainda algumas compensações entre esses dois aspectos.[19]

Um forte argumento favorável ao trabalho em *home office* é o fato de que a diminuição dos deslocamentos poupa realmente tempo que pode ser melhor utilizado em outras atividades. Não restam dúvidas de que há pessoas que fazem uso construtivo do tempo de deslocamento, mas suspeito que a maioria prefere negligenciá-lo. Isso sem mencionar o custo dos deslocamentos e da poluição gerada.

Há uma ressalva a essa conclusão, e ela reflete a diferença entre resultados de curto e longo prazo. Um resultado surpreendente das pesquisas sobre transporte mostra que cada inovação que facilita a redução do tempo de deslocamento foi cumprida por famílias que decidiram morar ainda mais longe dos locais de trabalho, buscando soluções [de transporte] em que praticamente se gastava o mesmo tempo mas eram mais distantes. Novas rodovias que encurtaram as distâncias levaram as periferias a sofrer um pico de crescimento em locais afastados dos grandes centros, mantendo, no entanto, praticamente o mesmo tempo de viagem.[20] Os trabalhos remotos em que os funcionários jamais se dirigem aos locais convencionais de trabalho obviamente não causam esse efeito, mas em outras abordagens isso pode ser sentido. Se eu preciso ir ao local de trabalho apenas dois dias por semana, consigo suportar uma viagem longa, o que não seria possível nos cinco dias da semana. As empresas podem muito bem preferir essa modalidade – senão, por que a escolheriam? Mas se pensarmos nas questões referentes à poluição e ao tráfego, os benefícios não seriam tão relevantes como imaginamos.

Outra evidência é que os funcionários em trabalho remoto fazem mais viagens durante o dia do que seus pares no trabalho tradicional, pois simplesmente não ficam em casa. Talvez dirijam menos no total, dependendo da distância dos deslocamentos, mas seu tempo de viagem não diminui no mesmo nível do tempo poupado por não se deslocarem para o trabalho.[21]

O que ocorre com o tempo poupado ao se evitar os deslocamentos? Um estudo de 2012 sobre telecomutação usando dados abrangentes de representantes de vendas que percorrem todo o país durante décadas concluiu que a metodologia estendia a carga horária dos funcionários, forçados pelas demandas do trabalho, e não levavam à real redução dos conflitos entre a vida pessoal e profissional. Dezessete por cento dos funcionários americanos relataram que trabalharam de forma regular, mas não exclusiva, em *home office* no ano 2000, porcentagem que permaneceu praticamente imutável na década seguinte, quando a carga horária de trabalho em casa havia sido de seis horas por semana.[22]

Para cravar essa conclusão, a telecomutação não estava diminuindo a carga horária de trabalho, e indiscutivelmente não necessariamente diminuía também a carga horária nos locais convencionais de trabalho. Essa conclusão sinaliza um problema importante de definição com a telecomutação e seus estudos. A ideia pós-pandemia do *home office* é que estar em casa substituiria o estar no local de trabalho.

Funcionários remotos pré-covid constataram, contrariamente, que o *home office* era um complemento ao trabalho no local convencional. Outro aspecto importante do *home office* pré-covid-19 é que embora as empresas tivessem diretrizes que permitiam o trabalho remoto, a habilidade de fazê-lo dependia exclusivamente de gestores locais.[23] Com esses dados, é compreensível que a cultura da empresa pareça ser mais importante para o bom equilíbrio entre vida privada e profissional do que políticas específicas organizacionais.[24]

As Evidências até o Momento: Quem Ganha com o *Home Office*?

Indiscutivelmente, o estudo mais influente sobre trabalho remoto pré-covid até o momento em que eu escrevia este livro foi um levantamento experimental de campo sobre as contribuições individuais em um *call center* na China em que os estudiosos conseguiram acompanhar o experimento conduzido por uma empresa que alocava funcionários para passarem por diferentes situações.

Metade deles ficou em *home office* enquanto a outra metade permaneceu no local convencional de trabalho. A produtividade foi 13% maior para o grupo em *home office*, em grande parte por conseguirem trabalhar mais horas e considerando a economia resultante do não deslocamento. A economia devido ao menor gasto imobiliário pelo fechamento da metade dos locais de trabalho poderia ter sido substancialmente maior, e os pesquisadores estenderam os estudos para permitir que os participantes optassem permanecer no *home office* ou retornar ao modelo tradicional. A divisão foi aproximadamente igual. Foi constatado que a produtividade teve um salto ainda maior. Nem todos estavam plenamente habilitados ao *home office*, o que é um lembrete de que a telecomutação não é para todos.[25] Esse estudo mostra os benefícios mais positivos do trabalho remoto, especialmente, mas não limitado às menores despesas de cunho imobiliário.

Outro estudo de *call center* concebeu cuidadosamente as respostas de candidatos em anúncios de vagas com diferentes atributos e constatou que esses candidatos receberiam, em média, 8% menos em uma função que lhes permitiria atuar no modelo de *home office*,[26] questão que foi considerada por alguns postulantes, que tentavam explorá-la (há mais dados na sequência).

Finalmente, outro estudo de *call center* sugere as inúmeras trajetórias que os efeitos do desempenho poderiam gerar, sendo que nem todos eram bons.

De um lado, os pesquisadores descobriram que quando funcionários que haviam atuado no local convencional de trabalho puderam trabalhar remotamente antes da pandemia, pelo menos em uma medição de produtividade houve um salto significativo. Quando todos tiveram de trabalhar remotamente, a produtividade daqueles que haviam permanecido no local de trabalho também deu um salto. Com o tempo, no entanto, a probabilidade de os funcionários remotos serem promovidos era substancialmente menor (menos 12%). Todavia, com a contratação de novos funcionários para posições remotas, o desempenho foi significativamente pior (18%) se comparados com os contratados para posições no local de trabalho. A razão exata não é clara: se os candidatos eram outros (como sugere o autor) ou se o processo de seleção foi diferente para os dois tipos de posições também não ficou claro.[27]

A ressalva para as implicações desses estudos sobre questões contemporâneas do *home office* é que todas as funções em *call centers* são virtualmente de colaboradores individuais trabalhando em seu próprio computador, com pouca ou nenhuma interação entre eles. Poder-se-ia simplesmente ter havido contratações de *freelancers*.

O contexto mais inusitado e exemplo completamente estudado de trabalho remoto é indubitavelmente o conduzido pelo governo federal dos EUA no Departamento Americano de Marcas e Patentes. Esse estudo foi iniciado em 2012 com um programa-piloto após a publicação de uma medida de âmbito federal voltada ao Desenvolvimento do Teletrabalho no país. É interessante notar as previsões do governo norte-americano nesse caso. A ideia principal era os servidores atuarem permanentemente de qualquer lugar desejado para reduzir despesas com espaços físicos – US$ 52 milhões somente em 2019 – além da melhoria na retenção, aumento de produtividade e simplificação do processo de recrutamento. O órgão em questão estima que conseguiu poupar um total de US$ 120 milhões com o programa naquele mesmo ano.[28]

Curiosamente, o Departamento de Marcas e Patentes já contava com programas de telecomutação. Um deles era o Programa de Patentes de Hoteling, em que os servidores poderiam trabalhar de casa e comparecer ao departamento duas vezes nos períodos de pagamento para confirmação dos trabalhos, o que contribuía para a redução acentuada dos custos imobiliários. Um modelo de *hoteling* de espaço compartilhado será discutido mais detalhadamente a seguir (outro benefício do programa para o governo era o dos "dias com nevasca").[29]

Um estudo cuidadoso e independente examinava a telecomutação ou o programa de *home office*, e a realocação permanente ou programa de trabalho de "qualquer local".[30] Foi constatado que havia aumento de desempenho dos servidores quando eles migravam do modelo de *home office* para o outro modelo. O que provavelmente foi mais importante nos resultados foi a evidência de que a razão para a melhora se deve a fatores fundamentalmente psicológicos, como a reciprocidade por receberem o benefício de não ter de se deslocar até o local de trabalho ou não ficarem limitados de alguma forma ao local em que vivem.

A vantagem desse estudo é que ele apresenta medições muito claras e objetivas do desempenho no trabalho em funções executivas altamente especializadas. A desvantagem para nossos propósitos é novamente que o contexto não é o de um trabalho tradicional. Praticamente todas as funções desse departamento são também de contribuições individualizadas, com pouca necessidade de interação entre os servidores.

Poder-se-ia perguntar por que o Departamento de Marcas e Patentes tinha programas tão avançados. Em primeiro lugar, o exame de patentes exige a atuação de advogados e especialistas da área, que, de outra forma, seriam muito difíceis de atrair e reter no mesmo nível de proventos governamentais, de modo que é necessário ter atributos melhores para atrai-los. Depois, o trabalho é muito individualizado e padronizado, o que facilita as medições e o monitoramento. O terceiro ponto é que os examinadores de patentes e profissionais correlatos são sindicalizados e podem pressionar por mudanças desejadas pelos sindicatos.

Outro estudo no contexto de uma função administrativa mais típica examinou uma forma mais modesta de *home office*, em que funcionários podiam escolher quando iniciar e parar seus expedientes e onde fazer o trabalho em um dia da semana. Eles decidiam antecipadamente, para que fizesse parte da programação rotineira do trabalho. A iniciativa era um esforço da União Europeia denominado *Smart Working*, com o objetivo de melhorar a vida profissional dos funcionários e ajudá-los a lidar com o equilíbrio entre a vida pessoal e profissional. O estudo descobriu, não surpreendentemente, que 98% da força de trabalho escolheu a sexta-feira como o "dia de trabalho inteligente". Os funcionários que fizeram essa opção reportaram melhores condições de saúde, menos dias acamados e também melhor desempenho, incluindo o que foi medido pelos supervisores.[31]

É preciso lembrar que um dos fatores mais importantes na redução de problemas de saúde relacionados ao estresse e à melhoria do bem-estar é dar o controle aos funcionários. Inúmeros benefícios devem ser atribuídos aos períodos de folga, e vários deles se devem ao maior controle dos empregadores, que são difíceis de interpretar, mas sabemos que importam. De modo geral, um aspecto decisivo do *home office* é que a maioria das empresas concedeu um considerável controle ao funcionário quanto ao que era preciso fazer durante o expediente de trabalho.

Mudança Para o Trabalho Remoto: Pontos a Serem Lembrados

É possível resumir o que pesquisas anteriores informaram sobre as condições que deixam o trabalho remoto efetivo, ao menos segundo a perspectiva do desempenho individual no trabalho.

- De longe, o melhor previsor se os funcionários serão produtivos e obterão sucesso no trabalho remoto é o grau de independência das tarefas que devem ser realizadas em relação ao que o restante da organização tem de fazer.
- Quanto maior a colaboração exigida em uma função, maiores os desafios de se fazê-la remotamente. Esse problema não é eliminado com videoconferências.
- A gestão ágil de projetos com exigências de retorno contínuo, comunicação face a face e testes em tempo real, é especialmente difícil remotamente.
- De modo geral, quanto mais teletrabalho um indivíduo faz, os empregadores consideram que está menos engajado.
- Equipes virtuais têm mais conflitos do que as presenciais.

Os funcionários que escolhem a trajetória do trabalho remoto devem investir esforço extra para obter sucesso, que inclui o seguinte:

- Comunicação constante com os colegas sobre o desenvolvimento da empresa e do local de trabalho.
- O trabalho remoto transfere ainda mais tarefas aos supervisores.
- Descobrir a dinâmica das equipes é mais desafiador em ambientes remotos, porque a equipe tem menos oportunidade de resolver as coisas de seu próprio modo.
- A TI torna-se muito mais decisiva e são intrigantes as questões de segurança cibernética associadas ao trabalho remoto.
- Quase tudo o que sabemos sobre trabalho remoto é baseado em funcionários que foram transferidos de seus locais convencionais de trabalho. Temos muito pouca informação sobre o desempenho de funcionários que jamais atuaram presencialmente.

Capítulo 3

Como o Trabalho Remoto Altera o Futuro do Trabalho

Até o advento da pandemia, o Facebook oferecia aos colaboradores um bônus para que morassem próximo de suas instalações. Atualmente, a escolha é deixada totalmente para eles, com a ressalva de que tenham aprovação para o trabalho remoto. Essa é uma mudança significativa. Zuckerberg apresentou uma nova razão sobre o que isso representa para o futuro: a capacidade de se contratar diferentemente.

"Um dos benefícios é o acesso a um *pool* mais amplo de talentos. Assim, nesse momento, estamos nos limitando a um número reduzido de cidades. Não tem sido uma limitação muito grave, mas certamente há oportunidade para uma abertura ainda maior", disse ele.[1]

Em resumo, se os colaboradores podem trabalhar de qualquer lugar, podemos contratá-los também de qualquer lugar. Ter a habilidade de alcançar um grupo maior de pessoas aplica-se a configurações de *home office* permanentes. Embora se saiba que é benefício para as empresas a perspectiva de acesso a candidatos mais capazes, é difícil acreditar que, ao expandir a demanda e com as outras condições mantidas constantes, as remunerações não sejam reduzidas.

Será que a abordagem virtual indica que temos de parar nas fronteiras nacionais no que se refere à contratação e recrutamento de funcionários? Se desejamos contratar pessoas de outros países, elas precisam de vistos que as habilitem ao trabalho, e essas permissões são limitadas. No entanto, se forem trabalhar remotamente, isso já não é necessário. Cidadãos estrangeiros que vivem em outros países não necessitam de visto ou permissão de trabalho para serem recrutados por uma organização norte-americana desde que não executem seus trabalhos localmente. A renda auferida por um cidadão estrangeiro que vive e trabalha fora não é taxada aqui em nosso país. Qualquer empresa americana dotada de um programa permanente de *home office* pode contratar colaboradores de outros países.

Poder contratar pessoas que não querem ser realocadas de outra forma parece ótimo para as empresas, a menos que os concorrentes façam o mesmo. Nesse caso, a força de trabalho deles também tem oportunidades não consolidadas pela localização da empresa. Assim como haveria mais potenciais candidatos para as eventuais aberturas de vagas, seus colaboradores também disporiam de uma infinidade de locais em que poderiam atuar sem ter de ser realocados. Se você, empresário, imagina que seus colaboradores são inconstantes no trabalho nesse momento, espere até que possam mudar de empresa em empresa, sem realocação.

O que sabemos sobre retenção também importa: o único fator mais importante que mantém as pessoas nas organizações é o dos relacionamentos sociais. Quanto mais virtual for o ambiente de trabalho, se todos os funcionários forem remotos, verão uns aos outros por menos tempo e terão vínculos menores. Muitos não permanecerão na organização apenas porque gostam da localização ou por causa dos benefícios extras se não houver um local específico de trabalho. Os relacionamentos sociais enfraquecem quando não vemos pessoas. A não ser o trabalho feito e o dinheiro ganho, poucas coisas retêm os funcionários no trabalho.

Se sua organização investe para ter toda a força de trabalho no modelo remoto e seus concorrentes não, essa abordagem pode dar certo. O inverso certamente seria ruim, ou seja, ser a única organização contratando localmente quando os colaboradores podem ser recrutados de qualquer lugar. Se todas as organizações migrarem nessa direção, a situação pode ficar totalmente diferente sob perspectivas difíceis de imaginar: uma força de trabalho fluida e constantemente em movimento com recrutamentos contínuos para preencher vagas devido à rotatividade.

Há, ainda, a possibilidade de que o interesse dos colaboradores de trabalharem em *home office* influencie as empresas nessa direção, especialmente em mercados de trabalho bem organizados nos quais os membros têm boas informações sobre o que as empresas concorrentes estão oferecendo. Já vemos alguma evidência disso. Um exemplo é a parceria entre sócios de escritórios de advocacia, que acontece em grande escala, de uma única vez, no período da primavera. Formandos das mesmas faculdades são entrevistados em muitos dos mesmos escritórios e todos compartilham informações. Na Filadélfia, esses escritórios reportaram que os formandos de 2021 estavam perguntando a seus potenciais empregadores quais eram as políticas sobre *home office*. Trata-se, aparentemente, de um bom mercado de trabalho para os formandos, e esses escritórios indicam que sentem certa pressão competitiva para oferecer políticas gerais e atrair os melhores candidatos.

O benefício mais provável para as empresas é que configurações permanentes de *home office* podem ajudar na retenção de colaboradores que realmente desejam continuar trabalhando de suas casas. Se pensarmos que nossos concorrentes no mercado de trabalho já estão se deslocando nessa direção, pode fazer sentido nos adiantarmos ao mercado e oferecermos alguns desses benefícios, porém essa decisão assume que o trabalho remoto é efetivamente melhor para o desempenho da função e da organização, ou pelo menos não é pior.

Haverá Problemas com o Pagamento dos Funcionários?

Uma das questões mais estranhas e controversas do debate sobre o *home office* é se os critérios usados na definição dos pagamentos vão mudar. Ou seja: Seu pagamento será atrelado ao código postal de onde você mora? Um dos argumentos é que a remuneração deveria ser baseada no custo de vida do local onde a pessoa mora, e caso se mude para um local mais barato, a remuneração deveria ser menor. O Facebook e o Twitter anunciaram essa diretriz no início da pandemia. A Stripe ofereceu aos colaboradores um bônus de US$ 20 mil se aceitassem mudar para uma localidade mais barata e, com isso, teriam uma redução de 10% no salário. As empresas do Vale do Silício estavam esperando que seus colaboradores aceitassem uma redução de 15% nos rendimentos se eles se mudassem.[2]

Essa é a razão pela qual nada disso realmente faz sentido neste exato momento: os programadores e profissionais de TI do Vale do Silício são altamente especializados e satisfazem às necessidades únicas das empresas em que trabalham. Se a empresa na qual trabalham não os remunera apropriadamente, outra o fará. Os valores que recebem é ditado pelo mercado e não porque o bairro onde moram tem alto custo de vida. Da mesma forma, os banqueiros de Nova York ganham somas vultosas pelos trabalhos que fazem, e não porque a cidade de Nova York é mais cara que, digamos, Charlotte ou cidades da Carolina do Norte, nas quais as atividades do setor bancário são muito diferentes. Aliás, uma das razões porque Nova York e o Vale do Silício são localidades caras é que seus moradores ganham muito bem e valorizam os preços dos imóveis, que é o principal item diferencial entre os custos de vida.

Diferentemente dos ajustes de custo de vida que as empresas costumavam pagar a gestores que eram alocados em diversas localidades, elas agora estão pagando com base onde os funcionários moram e sem a exigência de que morem onde mantêm suas unidades. Suponhamos, por exemplo, que sua empresa tem sede no Vale do Silício, onde os imóveis são muito caros, e um de seus colaboradores decida mudar com a família para a região do Vale Central da Califórnia, onde os imóveis são mais baratos, e viajar todos os dias até o trabalho. Será que reduziriam o salário dele? Ou será que ele deveria receber menos do que um profissional que gasta bastante com uma casa em Los Gatos, mas não precisa fazer tais deslocamentos? É uma escolha dele. Se os CEOs dessas empresas decidirem trabalhar de seus ranchos em Wyoming, tenho certeza de que não haverá nenhuma iniciativa para redução de seus rendimentos. Se sua empresa está contratando os serviços de um consultor, não se espera que os preços variem com base no lugar onde moram.

A ideia de que devemos estimular os funcionários a viver em locais com menor custo de vida para pagá-los menos é irracional. Se eles se mudarem para ficarem com suas famílias em Stockton, sofrerão redução no rendimento, porque os aluguéis lá são mais baratos; mas se a mudança for para Aspen, cujos aluguéis são mais caros, os rendimentos permanecerão os mesmos? – ou, inclusive, podem aumentar? Mais uma vez, os altos salários dos programadores das empresas do Vale do Silício não são pagos porque os aluguéis de lá são caros, mas porque eles são realmente capacitados e as empresas querem contar com os melhores profissionais. Se sua empresa não pagar o valor de mercado, outras o farão. O fato de os programadores de Wyoming receberem menos do que os do Vale do Silício é irrelevante, porque eles não fazem o mesmo trabalho e é improvável que tenham as competências especiais requeridas.

Seria quase um mito sugerir que funcionários em localidades caras adorariam a oportunidade de viver em um local mais modesto. Tive a chance de escutar um aluno de MBA de Wharton discorrer eloquentemente sobre a enorme vantagem de morar em um rancho com quatro amplos quartos em Iowa em relação aos acanhados apartamentos residenciais da cidade de Nova York. Pode haver pessoas com famílias que realmente sentem essa necessidade de espaço a que não conseguem ter acesso, e estão dispostas a mudar para longe de seus locais de trabalho para conseguir isso, mas, seguramente, nem todas pensam dessa forma. Curiosamente, as empresas que estimulam os funcionários a mudar não estão propriamente falando sobre mudar suas operações, tampouco mudar seus líderes para locais com menor custo de vida; elas simplesmente esperam que os próprios funcionários decidam sobre esse assunto.

Há uma possibilidade a respeito do motivo de algumas empresas tentarem pagar menos aos funcionários caso se mudem, e isso não tem nada a ver com o custo de vida: é a habilidade de extrair um valor de funcionários dispostos a pagar para morarem em outras localidades. Ao contrário de afirmar que há uma taxa de 10% para adesão ao trabalho remoto, é dito que a remuneração será ajustada ao custo de vida de seu local de trabalho, o que não parece ser tão manipulador. Vimos evidências nos capítulos anteriores que inúmeros colaboradores parecem dispostos a pagar um preço para trabalhar de casa, e presumivelmente uma parcela deles pagará um preço maior para trabalhar permanentemente em *home office*.

Essa modalidade de trabalho tem gerado outras conversas sobre o futuro da remuneração, que se aplicam em muitos países, mais do que nos Estados Unidos: a inadequação das funções estruturadas em torno do relógio de ponto, com uma conversação influenciada por funcionários e outra pelos empregadores. Como duas linhas paralelas, não há nenhuma intersecção, embora estejam falando da mesma coisa.

Um levantamento internacional da Adecco (que apresentei no Capítulo 1) com 8 mil funcionários administrativos e seus chefes reporta que tanto os primeiros como os executivos dizem que devemos nos afastar do trabalho com base em um número de horas "presos" em nossas estações de trabalho para, então, iniciarmos a execução das atividades que realmente são necessárias.[3]

O problema, no entanto, é que esses dois grupos parecem ter ideias completamente diferentes sobre o que isso significa. Os executivos norte-americanos, que não têm quaisquer limitações com horas extras de trabalho, já sabem que as necessidades dos negócios podem aumentar cada vez mais, forçando-os a trabalhar muito além da programação-padrão de 45 horas por semana, particularmente se o trabalho puder ser feito fora da companhia. Os entrevistados europeus talvez queiram conferir com seus pares norte-americanos antes de seguir por esse caminho.

Preocupações com o Burnout

Eu não gostaria de sugerir que os funcionários não têm nenhum interesse em fazer coisas que beneficiarão somente seus empregadores, mas esses empregadores têm vozes irritantes nas comunidades de investidores, muitas vezes nos conselhos de administração e querem saber como as decisões irão ajudar na rentabilidade deles. No mínimo, é preciso saber qual seria o custo se não houver benefícios líquidos na operação. Além da economia com espaços físicos, imóveis etc. o que os empregadores extrairiam dos funcionários (sim, é isso mesmo) se eles ficarem em *home office*?

Uma ideia é que os funcionários que não estiverem se deslocando aos locais convencionais de trabalho têm mais tempo e podem passá-lo trabalhando, como algumas evidências comentadas neste e em capítulos anteriores mostram que tem acontecido. Suspeito que os funcionários estão pensando que o trabalho no *home office* significará o mesmo montante de trabalho feito de casa e não mais trabalhos extras, embora isso tenha ocorrido regularmente.

Evidências das pesquisas do grupo Gallup nos EUA mostram que as percepções dos funcionários de que estão "exauridos mentalmente" têm aumentado desde 2016 e continuaram nessa escalada em 2020, com o seguinte dado surpreendente: os que atuavam remotamente reportavam índices mais altos de esgotamento (Burnout) do que os que posicionados no local de trabalho tradicional. A boa notícia para os defensores de uma metodologia ocasional de *home office* é que, antes da pandemia, a habilidade de trabalhar de casa estava associada a "percepções reduzidas de esgotamento mental".[4] Se o trabalho de casa era um meio de evitar as pressões do escritório, era impossível evitar qualquer fato estressante quando a única escolha era continuar a trabalhar de casa, e essa indubitavelmente não é uma boa notícia para os que desejam ficar permanentemente em trabalho remoto.

Há mais evidências sistemáticas no que os funcionários trabalhando de casa durante a pandemia pensam sobre isso em outros países. Os resultados variam: na França, por exemplo, a percepção de bem-estar efetivamente melhorou durante a pandemia, em parte, os pesquisadores acreditam, por causa do efeito comparativo. O entrevistado conseguia ver o que estava ocorrendo às pessoas de outros países que perderam o emprego e se conformava com sua situação particular. Na Alemanha, os entrevistados que estavam em *home office* aparentemente estavam menos satisfeitos com a vida pessoal e profissional. No Reino Unido, a percepção era praticamente a mesma da Alemanha, mas os relacionamentos com a família ficavam marginalmente melhores, particularmente com os filhos menores.[5] Todos esses resultados sugerem que o contexto social do trabalho e da família antes da pandemia, que varia entre os países, influencia bastante nossas avaliações. Por exemplo, se uma pessoa tinha uma boa creche para os filhos antes da pandemia, quando precisou trabalhar de casa com esses serviços interrompidos teve dificuldades para conciliar o trabalho com os cuidados das crianças. No entanto, quando o serviço da creche é irregular e insatisfatório, estar em casa com as crianças é uma oportunidade de mantê-las cuidadas e seguras. É muito difícil entender como o trabalho remoto teria sido percebido sem o contexto da pandemia, mas é isso que todos precisamos avaliar para a tomar as decisões corretas.

Duas Metodologias Híbridas de *Home Office*

Os resultados sugerem duas metodologias completamente diferentes de trabalho remoto. A primeira é um modelo de duas camadas, em que um grupo de funcionários fica permanentemente remoto e o outro fica alocado no local de trabalho. No segundo modelo, todos ou praticamente todos os funcionários têm a oportunidade de, ocasionalmente, trabalharem de casa quando desejarem.

O Modelo Híbrido de Duas Camadas

O primeiro tipo, que denomino de Modelo Híbrido de Duas Camadas, é o mais simples e podemos ficar razoavelmente certos de suas consequências. Os funcionários permanentemente remotos se igualarão a "empregados de segunda classe", limitados entre os estagiários e os temporários, sem acesso direto aos líderes, conhecimentos internos e oportunidades. Sabemos de pesquisas anteriores que os que estavam em *home office* tiveram menos oportunidades para desenvolvimento da carreira, além de terem maior probabilidade de serem dispensados. Eles também participaram de trabalhos colaborativos por sessões remotas em Zoom, e isso significa que não participaram de projetos presenciais.

Esse modelo de duas camadas amplifica as demandas dos supervisores em relação aos funcionários remotos – com a antecipação de problemas que eles podem ter de enfrentar com o restante das equipes, a interferência para obtenção de recursos, além da habilidade com as permissões, entre outros aspectos. A gestão do desempenho torna-se mais complicada também por que a checagem diária é mais difícil. É um serviço muito mais parecido à gestão de temporários, com negociações iniciais mais explícitas para se alcançar concordância sobre expectativas e resultados, e muito menos mudanças imediatas. De fato, os funcionários que adotarem a opção de trabalho remoto permanente não devem ficar surpreendidos se em algum momento surgir a questão de se transformarem em temporários.

Esse tipo de trabalho remoto é muito similar à contratação de profissionais autônomos. Uma lição para as empresas sobre profissionais autônomos é que eles exigem uma parcela justa de atenção e tempo de gestão, especialmente na implementação inicial do projeto e na identificação de como devem ser os resultados. A Dropbox decidiu não adotar um modelo híbrido de duas camadas por causa dessa preocupação de que pudesse criar uma força de trabalho de duas camadas dividida entre os funcionários internos, que atuam no local de trabalho, e os externos, que atuam fora. Curiosamente, a escolha da empresa até o momento tem sido manter tudo na esfera virtual.[6]

A economia, no entanto, é clara com esse modelo híbrido. Obtém-se espaço de volta no local de trabalho dos funcionários, mas com alguma redução no orçamento proporcionalmente a tudo que a empresa disponibiliza no escritório, desde áreas destinadas a estacionamento ao serviço de café e refeições.

A Escolha de Seu Próprio Modelo Híbrido

O segundo tipo de modelo híbrido, desejado pela maioria dos funcionários, é aquele no qual podem escolher quando e quanto trabalho podem fazer de casa. Vamos denominá-lo de "Escolha o Seu Próprio Modelo Híbrido". Esse tipo é muito mais difícil de ser bem-sucedido em termos administrativos. Como observado anteriormente, inúmeros funcionários já vinham trabalhando de casa ocasionalmente, de modo geral por um acordo informal com o gestor local. Denise Rousseau, da Carnegie Mellon University, refere-se a esses arranjos como "Acordos-I", e relatou, muito tempo antes da pandemia, "que eram muito comuns".[7] Várias empresas têm anunciado que farão testes com esse modelo. O Citigroup, por exemplo, declarou que seus colaboradores estarão nos locais convencionais de trabalho somente em três dias da semana. A CEO Jane Fraser também descreveu a ocorrência de uma mudança cultural no futuro, lastreada no fato de que haveria uma boa razão para desejarmos que todos estejam presencialmente no local de trabalho ao mesmo tempo,[8] embora a empresa ainda fosse anunciar quando haveria o retorno presencial dos funcionários.

As firmas de contabilidade já estão competindo entre si sobre isso. A inglesa PwC anunciou que assim que houvesse o retorno dos funcionários, eles terminariam a semana de trabalho ao meio-dia às sextas-feiras e depois trabalhariam dois dias por semana em *home office*, podendo iniciar e parar as atividades quando quisessem.[9] A KPMG essencialmente

60   *Home Office*, Trabalho Remoto ou Presencial

seguiu essa mesma diretriz, cortando duas horas e meia da semana de trabalho durante o verão e depois atuando mais dois dias por semana no local de trabalho tradicional. A Deloitte fechou quatro escritórios e alocou esses funcionários a unidades nas quais possam trabalhar permanentemente em *home office*. A BP orientou a mesma coisa a seus funcionários: que eles poderiam trabalhar dois dias da semana em casa.

No Caso da Escolha de um Modelo Próprio, Fica Complicado Fazer Uma Programação

Quando mudamos de oportunidades com base nos critérios de um gestor para uma diretriz indubitavelmente mais justa e objetiva que conceda a todos os funcionários o direito de trabalhar em casa, a situação rapidamente se complica. Todos conseguem trabalhar de casa? Várias empresas estão pensando em tornar essa opção dependente do desempenho no trabalho. Alguns aspectos desse desempenho eram requisitos na época da telecomutação. Para alguns colaboradores, essa opção era um benefício tão grande que eles fariam um estardalhaço se não conseguissem a mudança.

Parte do estardalhaço são alegações de um impacto adverso. Um grande contingente de americanos tem a capacidade de fazer esse tipo de alegação com base em gênero, idade, raça, religião, deficiências etc. – e assim procedem, à medida que supervisores locais rotineiramente tomam decisões, pelo menos em parte, segundo essas inclinações. A carga recairá nos funcionários para mostrar que suas decisões sobre essas diretrizes não estão baseadas em algum tipo de favorecimento de uma classe específica. Isso provavelmente passaria a ser um plano de pleno emprego para advogados.

Outra questão é a programação do momento em que as pessoas devem ser liberadas para trabalhar de casa. É muito mais produtivo para os funcionários se eles puderem escolher os dias para se acomodar às questões no trabalho. Suponha, no entanto, que todos queiram trabalhar de casa nos mesmos dias, como em datas que não é possível ficar ausentes do escritório convencional ao mesmo tempo, como num dia anterior a um feriado. Como lidar com isso?

Suponha, por exemplo, que se tente voltar a certas práticas, como a gestão ágil de projetos, em que todos devem se reunir para atuar em um projeto específico. Será que isso rechaçaria nossa programação de *home office* ou tentaríamos o envolvimento de mais pessoas com videoconferências pontuais? Em alguma extensão, isso já acontece nos feriados e nos dias compensados e/ou de licenças médicas, mas se todos se dedicam ao *home office* em apenas um ou dois dias da semana, a coordenação dos projetos torna-se um desafio ainda maior.

Robert Pozen e Alexandra Samuel, os autores de *Remote, Inc.* sugerem uma opção, que é a das equipes adotarem os mesmos dias de *home office*[10]. Fazer isso pode resolver o problema da programação. A Apple anunciou essa política definindo que os dias nos escritórios convencionais seriam segundas, terças e quintas-feiras, e as quartas e sextas-feiras eram reservadas para *home office*. Isso não significa que os colaboradores, individualmente, fiquem sem monitoramente nos dias em que trabalham remotamente, e exige também que os projetos sejam organizados de forma que trabalhos independentes possam ser executados ao mesmo tempo, nos mesmos dias. Trabalhar em *home office* às sextas-feiras é ótimo se o profissional tiver de preparar um relatório, mas se for adiado e ele ainda estiver profundamente envolvido no projeto, o *home office* às sextas-feiras é um bom pretexto para uma interação integral por videoconferência no Zoom e/ou uma *live*. O Facebook notou esse problema e decidiu pela não obrigatoriedade da presença de funcionários em suas instalações.

Isso ilustra a principal tensão: O objetivo do *home office* é beneficiar os funcionários ou a organização?

Há duas potenciais soluções. Uma é usar aplicativos sofisticados que os distribuidores "parecem criar" enquanto falamos, nos quais os integrantes das equipes adicionam suas preferências, talvez num período tão curto como uma semana, antes de começarem a trabalhar em casa e com possibilidade de inserir restrições (como reuniões presenciais às quintas). Assim pode-se tentar encaixar todos na programação mais satisfatória.

Um modelo mais simples com extenso histórico de sucesso é o *flextime*, em que a própria equipe negocia a programação. É exigido um esforço inicial, quando os funcionários aprendem a negociar compromissos, mas assim que é implementado, funciona bem, os funcionários gostam dele

62   *Home Office*, Trabalho Remoto ou Presencial

e não há necessidade de envolvimento dos supervisores. O *software* tem obtido mais popularidade nem tanto por ser melhor ou igual, mas por ser mais barato e requerer menos dos gestores, além de aparentemente parecer otimizar o desempenho.

Podemos imaginar outras soluções simples que beneficiariam tanto os funcionários como as organizações, e atualmente podem ser implementadas mesmo sem modelos híbridos. Uma delas resultou do interesse no que muitas empresas experimentaram durante a pandemia: não permitir aos funcionários tirar férias ou licença remunerada por motivo de doença. Nesse ponto, não há interesse altruísta no bem-estar dos funcionários, pois se houver acúmulo de funcionários nas férias ou em outros períodos, eles são contabilizados como passivos nos demonstrativos financeiros.

Por que os funcionários não tiraram licenças regulares ou de saúde durante a pandemia? Pode ser que não estivessem tão adoentados, e há alguma verdade nisso, visto que as precauções com a covid-19 ajudaram a reduzir o número de infecções por gripe. Há ainda o caso de muitos que ficam em casa quando estão doentes a ponto de não conseguirem fazer nem mesmo um pouco do trabalho no escritório tradicional. Devemos ficar em casa se estivermos infectados, mas é possível trabalhar se não tivermos de nos deslocar. Se é possível trabalhar de casa, não há necessidade de tirar um dia de licença médica. O trabalho é feito sem a necessidade de se apontar um dia a mais de passivo no balancete.

Quando se trabalha no *home office*, não é necessário tirar um dia de licença remunerada se algo exigir a presença em casa, como um parente doente. Digamos, por exemplo, que o funcionário tenha uma consulta médica que provavelmente se estenderá por grande parte da manhã. É possível trabalhar depois desse período, mas devido ao tempo de deslocamento até o trabalho e a volta, essa alternativa dificilmente valeria a pena. Se for possível trabalhar de casa, o trabalho é retomado no restante da tarde. Nesses casos, os dias de trabalho no *home office* substituem os dias de licença remunerada sem os custos associados aos funcionários.

Uma questão espinhosa para as empresas, mas benéfico para os funcionários são os impostos locais e estaduais. Quarenta e um estados (nos EUA) administram seus próprios impostos de renda e dezessete deles permitem que as municipalidades locais imponham impostos. As empresas precisam calcular qual será o imposto retido com base no domicílio de cada funcionário, algo que gera ainda mais complicação se os funcionários em *home office* se mudarem para localidades mais distantes. A nova questão tem a ver com as regras "da conveniência do empregador", que indicam que talvez você não tenha de pagar impostos na jurisdição em que seu trabalho está situado se seu empregador exigir que o trabalho seja executado em outro local, como na sua casa. Haverá muita pressão dos funcionários para que as empresas confirmem que as políticas de *home office* são para seus próprios benefícios – e muita reação negativa dos servidores do fisco para que o façam.

Mudança para o Trabalho Remoto: Pontos a Serem Lembrados

A experiência com o trabalho remoto durante a pandemia da covid-19 deixou as conclusões para líderes e gestores que precisam decidir o que fazer.

- O fato de o trabalho remoto ser percebido como algo que ultrapassou as expectativas durante a pandemia anula o argumento dos gestores que assumiam que nada seria feito se deixassem os colaboradores trabalhar livremente de casa. Isso criou abertura para experimentos.
- Os empregadores ganham, de modo muito claro, se seguirem um modelo híbrido de duas camadas de trabalho remoto, com o *home office* em caráter permanente, ao reduzir o espaço dos escritórios e possivelmente os pagamentos. Os funcionários, por sua vez, pagarão um preço potencialmente alto pelo trabalho remoto permanente e pela oportunidade de morarem distante dos escritórios convencionais de trabalho, se assim desejarem.
- A opção de escolher seu próprio modelo híbrido de trabalho remoto é o inverso. Há muitos benefícios claros para os funcionários e muito mais opções de quando trabalhar no *home office*, segundo o melhor para eles. Os benefícios aos empregadores não são tão claros, dado que a abordagem de poupar na parte imobiliária – com *hoteling* – não funcionou tão bem no passado.

- Até mesmo experiências modestas de trabalhos eventuais em *home office* beneficiariam aos funcionários.
- Os benefícios do trabalho remoto durante a pandemia em termos do desempenho dos funcionários parecem estar relacionados à abordagem de alta confiança adotada pelos gestores. A alternativa com excessivo monitoramento e baixa confiança destrói o principal benefício do trabalho remoto para a maioria dos funcionários, que é o próprio controle sobre o que fazem e quando.
- Quanto maior o controle exercido pelos empregadores sobre quando os funcionários podem trabalhar de casa e com que frequência, mais complicados são os problemas de programação do trabalho para as organizações.

Capítulo 4

Gerenciamento da Transição
A Importância do Planejamento

Apesar do apoio de algumas empresas e de atrasos no início, as projeções sugerem que a maioria dos colaboradores tentará a agenda do *home office*. Essa perspectiva, no entanto, não é unânime e está constantemente mudando.

Uma pesquisa com empresas conduzida pelo grupo Gartner constatou que 82% das participantes afirmaram que esperavam que seus colaboradores trabalhariam remotamente ao menos durante um período de tempo após a pandemia e 47% disseram que esperavam fazê-lo permanentemente.[1] Outra pesquisa, da Mercer, encontrou resultados praticamente similares: 72% das empresas afirmaram que esperavam aumento de flexibilidade em torno de quando e onde o trabalho seria feito, e um terço delas disse que pelo menos metade de sua força de trabalho seria remota após a pandemia.[2] Colocado de outra forma: apenas 11% das empresas em uma pesquisa recente do Conference Board (comitê de conselhos de administração) reportou que esperava que todos seus colaboradores retornassem ao trabalho após o abrandamento da pandemia, e cerca de um terço delas afirmou que 40% ou mais de sua força de trabalho seria formada por funcionários "essencialmente remotos".[3] O maior empregador dos EUA – o governo federal – anunciou que abriria vagas para que os servidores tivessem oportunidades de trabalhar de casa no verão de 2021.[4]

Todavia, nem todo empregador está inclinado a seguir uma agenda de *home office* ou "partir para outra alternativa". Do mesmo modo que o segmento de bancos de investimento, a Amazon alertou enfaticamente a seus colaboradores que pretendia reintegrá-los totalmente aos locais convencionais de trabalho até a primavera de 2021 e não seguiria uma metodologia híbrida.[5]

A evidência mais crível a respeito de para onde os empregadores estão tendendo no momento pode vir do que estão fazendo com os espaços destinados aos locais de trabalho. O corte desses espaços indica que teremos mais colaboradores remotos. O exemplo mais dramático no início da pandemia foi a decisão da REI de vender seu novo escritório central exatamente antes da mudança no último verão. Aproximadamente nessa mesma época, a Ralph Lauren e a CVS anunciaram planos de reduzir os espaços em 30%.[6] A Wells Fargo, por exemplo, tinha o objetivo de reduzir o impacto dos escritórios em 20% até 2024.[7]

Há, ainda, exemplos em que o entusiasmo inicial de usar o trabalho remoto para reduzir os custos imobiliários parece ter esfriado. Uma pesquisa global com CEOs da KPMG constatou, em agosto de 2020, que 69% deles disseram que suas empresas iriam reduzir os escritórios por causa do trabalho remoto. Porém, passados seis meses, na primavera de 2021, outra pesquisa de acompanhamento descobriu que essas projeções caíram a apenas 17%.[8] Embora as principais empresas de TI estivessem falando sobre trabalho remoto permanente, na primavera de 2021 elas estavam "costurando" arrendamentos de enormes espaços para escritório a preços promocionais, e a municipalidade de Nova York era a principal locação. Todas as principais empresas de TI expandiram suas "pegadas" em Nova York durante a pandemia.[9] Quando a REI vendeu seus novos escritórios centrais, foram comprados um mês depois pelo Facebook, uma das empresas que imaginávamos liderar a pressão por mais trabalho remoto permanente.

Se analisarmos a perspectiva dos CFOs (Chief Financial Officers) – o pessoal que gerencia os recursos financeiros – uma pesquisa da PWC na primavera de 2021 (entre março e junho de 2021) descobriu que o principal fator por eles apontado como o que melhoraria seus negócios no futuro era a "flexibilidade no trabalho", referente ao trabalho remoto. Em termos de diretrizes sobre se o escritório funcionaria novamente, 54% disseram que estavam planejando tornar o trabalho remoto permanente, e 35% acrescentaram que estavam reduzindo custos imobiliários.[10] Com isso dizia-se que, no Twitter, era o diretor financeiro e não o chefe de RH que repassava para a mídia os benefícios do trabalho remoto.[11]

Virtualmente, todas as empresas planejavam reintegrar pelo menos alguns funcionários aos locais convencionais de trabalho, o que indicava, até aquele momento, que praticamente nenhuma organização estava interessada em ter uma força de trabalho completamente remota ou uma força completamente presencial. Em outras palavras, não era novidade alguma que se estava planejando um modelo híbrido, pois todas as empresas pensavam nessa possibilidade.

Uma das movimentações mais interessantes tem ocorrido na IBM, que reportou há mais de uma década que 40% de seus funcionários estavam trabalhando no modelo remoto praticamente de forma permanente. Contudo, em 2017, uma boa parcela deles havia retornado aos locais convencionais de trabalho devido aos benefícios da interação presencial em projetos mais ágeis. Atualmente foi reportado que cerca de 80% dos funcionários poderão atuar em algum tipo de configuração de *home office* neste período pós-pandemia. Diferentemente do período anterior em trabalho remoto, a organização não está expandindo o número de funcionários remotos permanentes, que permanecerá num índice de cerca de 10% da força total de trabalho.[12]

Reintegração: *Onboarding* 2.0

A reentrada de um grupo de funcionários aos ambientes convencionais de trabalho, após um ano e meio, dois anos ou mais, de forma bem conduzida, exigiu bom grau de gerenciamento. Pense nisso como o "processo de reintegração" ou *onboarding* 2.0.

A primeira questão levantada foi a segurança. Mesmo após a suspensão das restrições, inúmeros funcionários ficaram nervosos com o retorno. O tempo exato de espera até a situação se normalizar antes desse processo de reintegração foi uma decisão difícil de ser tomada, pois dependia, em parte, de qual seria a percepção geral sobre a situação atual.

A questão mais importante em relação à segurança era se as organizações exigiriam que todos os funcionários reintegrados ao trabalho deveriam estar vacinados. A maioria das empresas afirmou anteriormente que não exigiria tal cumprimento. Dada a politização gerada por essa vacinação específica, que era uma posição inteligente a ser assumida, acredito que todas as empresas repensaram e exigiram a vacinação dos funcionários para o devido retorno. A solução mais prudente parecia ser aguardar e deixar que as pressões da sociedade ampliassem a vacinação. Seria mais fácil definir a obrigatoriedade em, digamos, 10% da força de trabalho.

Como acontece frequentemente nesses casos que envolvem novos tópicos legais, as agências de controle e a justiça têm asseverado que as empresas não podem ditar aos funcionários a obrigatoriedade da vacinação. Em dezembro de 2020, a US Equal Employment Opportunity Comission (comissão norte-americana de oportunidades iguais de emprego) determinou que desde que as empresas ofereçam acomodações razoáveis a funcionários portadores de graves condições médicas ou com razões religiosas para não serem vacinados, a legislação federal e dos direitos civis não os excluiria dos programas de vacinação obrigatória contra a covid-19.[13]

Por outro lado, o Ocuppational Health and Safety Act (decreto sobre saúde e segurança ocupacional) determina que as empresas ofereçam um ambiente de trabalho seguro aos funcionários. Considere esse problema: se estou particularmente com risco de contrair covid-19, e mesmo que eu já esteja vacinado, é seguro trabalhar próximo de pessoas que não estão vacinadas? Qual é o risco para a empresa se eu ficar doente? Esses problemas limitam onde os não vacinados podem trabalhar. Ao mesmo tempo, outro conjunto de leis e questões éticas não permite que os funcionários identifiquem quem não foi vacinado, embora a exigência do uso de máscara no trabalho torne a identificação ainda mais clara (caso apenas os não vacinados sejam obrigados a usar máscara).

Já houve casos de desconforto entre funcionários de trabalhos essenciais ou que atuavam em locais convencionais de trabalho ao tentarem saber quem havia ou não sido infectado – e quando – durante o pico da pandemia. As empresas certamente estão em apuros, pois os funcionários têm o direito de saber a que tipo de risco estão expostos, ao mesmo tempo que também têm o direito à privacidade sobre suas condições de saúde.[14] O único meio de contornar isso é se praticamente toda a população já estiver vacinada.

Em fevereiro de 2021, uma pesquisa com empresas apontou que 48% delas não obrigariam os funcionários a tomar vacina e 43% ainda estavam indecisas sobre o que fazer. Setenta e nove por cento reportou que o problema de impor a vacinação obrigatória era para os funcionários que simplesmente se recusavam a tomar vacina.[15] Nesse contexto, a prática mais comum tem sido estimular os funcionários a serem vacinados. A maioria das empresas dão um dia de licença remunerada para que se vacinem. Algumas, como a Amazon, por exemplo, chegam a oferecer um bônus, e muitas outras enfatizam que é uma atitude responsável e segura.

Em janeiro de 2021, o CEO da United Airlines anunciou a intenção de que todos seus funcionários estivessem vacinados no prazo mais curto possível assim que as vacinas estivessem disponíveis. Ele estimulou os outros funcionários a seguirem o exemplo dos que se vacinaram, mas não obteve boa adesão, e, aparentemente, houve um arrefecimento muito grande nessas iniciativas, como se quisessem aguardar o que as demais organizações fariam.[16] Então, em maio, a Delta tomou a mesma a medida. Outras companhias aéreas, no entanto, anunciaram que não mais contratariam candidatos que não estivessem vacinados. Meu empregador, a Universidade da Pensilvânia, explicou que exigiria vacinação de todos os alunos no retorno ao campus (várias universidades mencionaram uma política similar), e todas as faculdades e suas respectivas equipes adotariam o mesmo. Acredito que muitas outras universidades e faculdades seguiram essa conduta.

Defendendo o Retorno dos Funcionários

O retorno dos funcionários não foi, necessariamente, uma transição operacional. Entre outros fatores, nem todos que eram das equipes antes do isolamento ainda estão lá: lembre-se de que centenas de milhares de pessoas (nos Estados Unidos, no Brasil e em todo o mundo) morreram vitimadas pela covid-19. Alguns dos que retornaram (ou vão retornar) provavelmente perderam amigos e familiares para a pandemia. Foi um longo período. Há também funcionários que se aposentaram ou se mudaram e, em alguns casos, pode prevalecer uma turma de novos contratados.

É comum certa empolgação inicial no retorno ao local de trabalho porque reencontramos os colegas. No entanto, as atividades não têm sido retomadas do ponto em que foram paralisadas. Nem todos estão bem-humorados ou animados a respeito desse retorno ao trabalho.

Podemos pensar na reintegração como um processo em diversas etapas, veja a seguir.

Etapa 1: Explicar o Motivo do Retorno

A primeira etapa é saber claramente a razão de os funcionários estarem voltando. Isso é especialmente importante porque foi dada atenção desproporcional aos casos de opções remotas permanentes nas empresas. Os colaboradores precisavam – e precisam – de uma explicação plausível do porquê é importante voltarem e o motivo de ser necessário para a organização. Sem essa justificativa, é fácil aqueles que não querem voltar pensarem que é uma decisão caprichosa dos gestores. Nesses casos, o retorno não obterá muito êxito.

Um sinal animador nessa direção é que 57% das empresas americanas pesquisadas por WorldatWork e Salary.com deram informações aos funcionários de como suas finanças foram afetadas pela pandemia de covid-19, como parte dos esforços de comunicação. Setenta por cento delas também ofereceram suporte financeiro extra para aqueles que necessitavam de cuidados relacionados à doença.[17]

Etapa 2: Conversar sobre como Era durante a Pandemia

A segunda etapa é conhecer experiências ocorridas durante a pandemia. Passar um tempo estruturado em grupos e times de trabalho falando sobre como foi tentar trabalhar de casa e o que aconteceu na pandemia humaniza o ambiente de trabalho. É também uma oportunidade de fazer a transição de volta ao trabalho, falar sobre o que aprendemos e o que poderíamos fazer diferente. Os funcionários voltaram aos locais de trabalho com uma perspectiva mais renovada, que lhes possibilita ver as coisas diferentemente e perguntar se ainda é necessário atuar do mesmo modo (o que tem acontecido em numerosas reuniões).

Etapa 3: Ajudar os Funcionários a se Lembrarem do Que Gostavam no Local de Trabalho

Outro aspecto de uma campanha de retorno deve incluir o que os funcionários gostavam quando estavam no local de trabalho – provavelmente as conexões sociais ou talvez a alimentação – e investir mais nesses aspectos. O Business Services Group, da Universidade da Pensilvânia, desenvolveu uma iniciativa intitulada "Business Services: Uma Turnê de Reuniões em 2021", com uma sacola de brindes celebrando o retorno ao trabalho no primeiro dia, além de eventos comemorativos especiais durante as primeiras semanas. A Faculdade de Educação criou um "Dia da Reintegração", em que cada funcionário se reuniu, ao voltar, com a administração e os supervisores para ser ajudado a montar seu local de trabalho novamente, trazer de casa o equipamento que havia levado e deixar os sistemas de TI conectados e operacionais. Foi também programado um recuo das equipes de trabalho que incluiu a criação de conteúdo sobre reuniões mais efetivas e meios alternativos de sustentar interações, incluindo sessões virtuais com funcionários remotos.[18]

Etapa 4: Pensar Cuidadosamente no "Quando": a Data de Retorno dos Funcionários

Algumas empresas, especialmente as prestadoras de serviço especializado, permitiram que os funcionários inclinados a retornar aos locais de trabalho começassem imediatamente, antes do fim oficial da quarentena, assumindo, no entanto, que fosse uma quantidade suficientemente pequena para não violar qualquer restrição. A vantagem dessa opção foi o fato de que funcionários que estavam nervosos sobre o retorno, no fim da quarentena, voltaram ao local de trabalho já com um grupo trabalhando regularmente. O risco, no entanto, foi que depois pode ser mais difícil fazer uma reentrada ou reintegração mais substancial se todos forem reintegrados.

Quanto mais tempo a empresa esperar pela reintegração dos demais, menos úteis serão os eventos de transição para os que voltarem antes. Uma ideia seria retornar alternadamente (em ondas) e celebrar à medida que as pessoas vão voltando – certamente é melhor do que não fazer absolutamente nada. A Fidelity Investments desenvolveu um programa de reintegração baseado em realidade virtual para novos contratados durante a pandemia.[19] A mesma tecnologia – uma reunião virtual de pessoas com equipes de trabalho para o compartilhamento de experiências – pode ser utilizada na reintegração de funcionários antes do retorno.

Outras empresas anunciaram que facilitariam o processo de reintegração dos funcionários aos locais de trabalho no prazo de uma semana padrão de trabalho, operando com programações flexíveis como início numa terça-feira ou em horários não tão cedo pela manhã. No entanto, não fica muito claro qual problema se tenta efetivamente contornar. Há vantagens se for estabelecido um intervalo mais prolongado intercalado com as práticas antigas, especialmente se quisermos ter funcionários atuando diferentemente nos locais de trabalho do futuro.

Qual É o Plano de *Home Office*?

Conforme sugerido pelas evidências anteriores, a maioria dos funcionários pensa em algum tipo de disposição em que possa ter ocasionalmente trabalho remoto. As empresas de TI atendem a uma extremidade do espectro dando grandes oportunidades para isso, enquanto os bancos de investimento ocupam a outra extremidade, com poucas, se houver, ou nenhuma oportunidade. De qualquer modo, de um extremo a outro, é necessário certo grau de desenvolvimento junto com esses retornos.

Há, ainda, a questão de como conseguir que o trabalho remoto seja efetivamente realizado. Esse é o ponto em que são úteis as lições aprendidas com a pandemia. Algumas empresas agora têm diretores de posições de trabalho remoto, cujo foco é coordenar lições e estabelecer regras. A GitLab, por exemplo, elaborou um manual inteiro de regras para o trabalho *on-line* que inclui práticas para o acompanhamento de funcionários; reuniões extensivas com mais de 50 min, para a dar às pessoas a possibilidade de conversar informalmente antes da próxima reunião; instruções de como usar a tecnologia Zoom dedicada a chamadas e reuniões reais *versus* a Slack para conversações informais etc.[20]

Muitas organizações não sabem ainda o que querem fazer e parecem esperar para ver o que as demais farão antes de decidir. O desafio é gerir as expectativas dos funcionários. Será difícil eles mudarem de um cenário completamente remoto para outro completamente presencial e, então, ver se eventualmente emerge outro cenário com disposição híbrida. Os funcionários desejosos de modalidade de trabalho remoto podem, eventualmente, ir para outra organização em vez de esperar para ver o que acontece.

Funcionários perspicazes já estão conferindo com seus pares para ver quais disposições são interessantes e avaliar as compensações envolvidas. A IBM tem atuado muito efetivamente, engajando os funcionários em discussões *on-line* para ajudar a criar diretrizes. O inconveniente de esperar para ver o que as outras farão é que, no momento, todas já estão no processo. Talvez não haja consenso e pode decorrer um longo tempo até vermos padrões importantes. A estratégia de esperar parece cada vez mais insensata. Anunciar abertamente as diretrizes gerais antes do retorno dos funcionários é muito mais sensato do que surpreendê-los com um plano depois de todos terem retornado ao trabalho.

Mudança para o Trabalho Remoto: Pontos a Serem Lembrados

- Embora pensemos que retornar ao trabalho seria normal, ter trabalhado remotamente no período de isolamento fez com que o *home office* se tornasse "o normal" para muitas pessoas. Não houve tempo nem tivemos habilidade de fazer a transição do trabalho presencial para o trabalho remoto, mas devemos ter tempo suficiente para planejar a transição ao fazer o inverso.
- O retorno ao escritório vem acompanhado de uma percepção diferente, e a exemplo de qualquer mudança, é necessário um plano

para gerenciá-lo. Isso porque nem todas as pessoas ficarão felizes com o retorno.

- É importante considerar o retorno uma mudança organizacional de grande porte, que começa com a explicação sobre a razão de se estar fazendo isso e os planos para o trabalho remoto. Se sua organização não planeja expandir para o trabalho remoto, é necessário ter uma boa justificativa para isso.
- Quanto mais a empresa comunicar aos funcionários suas intenções de desenvolvimento, melhores serão os resultados.

Capítulo 5

A Oportunidade
Certifique-se de Não Desperdiçá-la

A Clorox, fabricante e distribuidora de desinfetantes, experimentou uma explosão na demanda de seus produtos nos primeiros meses de paralisação pela covid-19 e agarrou a oportunidade para conduzir uma renovação planejada no escritório central em Oakland, com o objetivo de redirecionamento. A empresa concluiu que o trabalho remoto aumentava significantemente o ânimo das equipes e deu seguimento a esse processo, ajustando-o à renovação. Seu novo plano era acomodar modelos de trabalho presenciais e remotos ainda mais colaborativos e ao mesmo tempo facilitar a inclusão de maior índice de trabalho remoto. Isso foi feito pela eliminação de espaços privados. O novo espaço estava sendo planejado como uma série de locais de trabalho e salas de reunião privadas associadas a programas colaborativos para engajar os colaboradores remotos. A recompensa imediata é o corte de 25% dos locais convencionais de trabalho.

A empresa planeja ter um grupo central de colaboradores na sede, outro grupo de colaboradores permanentemente remotos, além de projetos para que mais funcionários sejam realocados de acordo com as necessidades das equipes. A nova norma é tratar os colaboradores remotos como essenciais.[1]

O redirecionamento da Clorox destaca a real oportunidade de as empresas mudarem o modo de operar – não somente em resposta à pandemia. Trata-se de uma oportunidade para fazer alterações importantes que podem ser desejadas, ou necessárias, já há algum tempo.

A noção de um "início renovado" para estimular a mudança de rumo tem sido documentada em marcos significativos no tempo, como o início de um novo ano.[2] O retorno ao trabalho após a quarentena obviamente é um marco.

Um desafio padrão em modelos de mudança organizacional é "abalar" as pessoas, afastando-as de seus antigos hábitos. É muito mais fácil fazer isso agora, porque a maioria dos funcionários está fora dos locais de trabalho há um tempo suficientemente longo e alguns dos antigos hábitos foram, no mínimo, enfraquecidos. As empresas que têm pensado em renovar seus locais de trabalho devem fazer isso agora, não apenas porque é mais fácil, mas porque estão distantes da rotina antiga e é mais simples neste momento. Isso levanta a questão: No que propriamente queremos "abalá-los"? No caso da Clorox, a ideia girava em torno de estimular a colaboração. Como desejamos que os funcionários se comportem diferentemente nesse processo e quais mudanças implantar na cultura do ambiente de trabalho?

De modo geral, um programa que comece articulando a mudança desejada e as razões para isso, que esclareça para os funcionários os aspectos principais e inicie com um grupo seleto, tem boa oportunidade de mudar o modo como o retorno dos funcionários é percebido pela organização e como todos se comportam. Essa é uma oportunidade única para as organizações, e dever-se-ia pensar cuidadosamente em implementar um programa oficial de mudança, em vez de ignorar essa necessidade.

A Fujitsu, empresa de TI, usou a pandemia para readaptar sua cultura. Ela está se livrando da abordagem centrada em escritórios que incluía longas participações e longevidade com base na idade em vez de na meritocracia. Práticas como a quantidade de horas trabalhadas podem ser alteradas no retorno ao trabalho com o estabelecimento de novas expectativas sobre comportamento ou, inclusive, regras explícitas. A Hitachi seguiu um caminho similar e anunciou que metade de seus funcionários pode, no momento, trabalhar remotamente.[3]

Onde Há Necessidade de Adaptações

Mesmo se as mudanças simplesmente forem na direção de mais trabalho remoto, e não se tentar empreender outras mudanças, o fato é que as práticas gerenciais projetadas em torno do trabalho convencional precisam também de adaptações. Algumas dessas mudanças não são tão triviais.

A Cultura Organizacional

Concebemos a cultura organizacional como as normas e valores que informam aos colaboradores de que maneira devem se comportar. Ela é especialmente importante nos casos em que regras formais são inadequadas e quando os colaboradores não podem ser monitorados. Reconhecemos uma cultura, em parte, pela observação: copiar o que os líderes fazem, ver o que funciona e incluir como comportamento esperado. Ajuda, ainda, a formatar como os colaboradores se conduzem quando não há orientações nem regras claras, o que fazem quando ninguém está observando ou como se apresentam em aspectos sutis que importam aos acionistas.

Para defender um ponto óbvio, é difícil reconhecer uma cultura se jamais vemos outras pessoas. No início da pandemia, algumas empresas com vagas em aberto esperaram para contratar, pois pensavam que não poderiam receber apropriadamente novos funcionários em um contexto virtual e fazê-los compreender sua cultura. Naquele momento, apenas um número pequeno de empresas pôde esperar, mas essa preocupação permanece. Manter simplesmente a cultura já existente em um contexto remoto é um desafio, como indicado no esquema da figura 5.1.

É difícil não ver que a configuração de trabalho remoto enfraquecerá a cultura de uma organização. O The British Chartered Institute of Internal Auditors (instituto oficial britânico de auditores internos certificados (e não outro grupo que supostamente poderia ter sido o foco deste tópico), concluiu, em uma enquete recente com seus membros, que os modelos híbridos representam um risco significativo para os negócios.

O CEO da entidade observou: "Jamais foi tão urgente nas organizações o desenvolvimento de sistemas robustos de identificação e mitigação dos riscos à cultura organizacional, antes que se torne uma crise."[4] Subjacente a essa preocupação há o risco de que seja difícil a detecção de fraudes.

Figura 5.1. Pausa no Trabalho Remoto

Os executivos pensam que os colaboradores deveriam ficar nos locais de trabalho muito mais do que gostariam.

Fonte: Pesquisa da PwC sobre Trabalho Remoto nos EUA, 12 jan. 2021. Base de dados: 133 executivos.
Nota: Os entrevistados pela pesquisa tiveram de responder ao seguinte: "Se a covid-19 não fosse uma preocupação, com que frequência você imagina que um funcionário regular precisaria ficar em seu local de trabalho se, acima de tudo, o objetivo for manter uma cultura distintiva da organização? A totalização não dá 100% por causa dos arredondamentos.

Assim, contratar um novo colaborador para que ele atue como funcionário remoto – o caso mais extremo –, é similar a engajar um consultor ou prestador de serviço independente. Podemos transmitir algumas indicações de fatores imunes a críticas ou contestações na organização que não constam nas normas escritas, mas não passará disso. O melhor, ou indiscutivelmente, o único meio de contornar o problema é com um programa extremamente rigoroso de reintegração ao local de trabalho que ensine, exiba e pratique os importantes valores da organização. Infelizmente, a maioria das empresas está eliminando essa experiência, migrando-a cada vez mais para o mundo *on-line*.

Imagine, por exemplo, a ineficácia de uma experiência de reintegração remota para um funcionário que também trabalhará no modelo remoto.

A experiência provavelmente seria melhor, apesar de ainda complicada, para funcionários lotados nos locais convencionais de trabalho mas que em alguns dias seguiriam uma programação remota. Uma razão é que teriam pouco contato direto com as pessoas nas quais poderiam se espelhar para reproduzir a cultura organizacional; o novo contratado poderia trabalhar remotamente em qualquer dia, e seus mentores ou líderes também poderiam trabalhar remotamente em qualquer dia da semana. Eles, eventualmente, obteriam muita exposição, mas, provavelmente deveriam saber como opera a unidade.

O mesmo é válido para a contratação de profissionais experientes em locais de trabalho nos quais há trânsito intenso de entrada e saída de funcionários remotos. Simplesmente os contatos com as pessoas são menos consistentes, as relações sociais são mais fracas e há menos conexões para atualizar informações e sermos lembrados de como nos comportarmos. Se sua empresa quer manter uma cultura organizacional forte, é necessário fazer esforços extras e mais concentrados, primeiramente na reintegração e depois com ensinamentos e reforço da cultura organizacional com mais trabalho remoto.

Contratações

Dever-se-ia pensar diferente nos critérios relevantes para a contratação de candidatos que vão atuar permanentemente no trabalho remoto? Um aspecto que deve ficar muito claro é certificar-se de que essa posição será de uma contribuição bastante individualizada.

O tópico mais importante das contratações nos EUA tem sido a noção de adequação à cultura (na prática, esse critério geralmente significava contratar pessoas similares a quem está recrutando). É possível discutir que isso importa mais em contextos virtuais, porque é mais difícil controlar o comportamento dos funcionários. Essa metodologia defende que devemos ser muito mais rigorosos ao definir exatamente os valores e comportamentos correlatos mais apropriados e como os reconheceremos nos candidatos. Com certeza, é menos importante se preocupar se os novos funcionários "se encaixarão" no padrão dos funcionários atuais, já que haverá apenas interação virtual entre eles.

Os argumentos do outro lado são que a cultura muito provavelmente deve ser mais fraca e menos importante no trabalho remoto, então por que preocupar-se com a adequação do trabalho à cultura? Como já dissemos, é menos importante ter uma equipe de trabalho envolvida com contratação, pelo fato de que serão poucas as interações presenciais que eventualmente tenham com o recém-contratado e pelo fato de que a maior parte de suas decisões parecem ficar reduzidas às primeiras impressões no tocante ao se gostaram ou não de algum candidato em particular. A capacidade de executar o trabalho e de fazê-lo independentemente é a questão-chave.

Remunerações

No ambiente de trabalho tradicional, a remuneração é um tópico emocional, porque reflete fortemente o valor e o mérito aos olhos da organização, além do aspecto competitivo. Como a remuneração é comparada à de outras pessoas próximas, era importante em muitos casos tanto quanto o nível absoluto de pagamento. Até mesmo quando os colaboradores deviam seguir regras e, supostamente, não podiam discutir sobre o pagamento recebido, e quando ficava claro que essas regras violavam a lei, as pessoas pareciam descobrir o que os demais estavam fazendo.

Em um ambiente mais virtual as pessoas têm menor probabilidade de saber o que os demais colaboradores fazem ou quanto ganham. Caso o funcionário obtenha informações e faça comparação entre o próprio pagamento e o dos outros, não tem a mesma condição de inferir de que modo as outras pessoas estão contribuindo para gerar inequidade. Essa situação pode reduzir as reclamações, mas gera, ao mesmo tempo, uma percepção de injustiça que é, inclusive, menos válida do que as do mundo presencial, porque no escritório ao menos é possível ter uma ideia de como é o desempenho dos outros com os quais ele está se comparando.

Dezenas de configurações, criadas para tentar gerenciar os problemas de injustiça, provavelmente perderão importância. Esquemas de pagamento por níveis e aumentos graduais, que um ou outro colaborador pode conseguir, e aumentos dados somente uma vez ao ano, irão declinar. É quase certo que as remunerações irão variar muito mais, até mesmo para profissionais que executam o mesmo serviço.

Avaliações de Desempenho

Nos últimos anos, os supervisores têm administrado muito mal as avaliações de desempenho dos colaboradores. Eles não têm tido tempo suficiente para fazer avaliações porque o alcance do controle aumentou e eles passaram a ser colaboradores individuais em suas próprias funções, além de supervisores. As avaliações tendem a ser influenciadas pelo que é possível ver um subordinado fazer: Ele atua como voluntário? É entusiasmado? Permaneceu muito tempo no local de trabalho? Vários desses fatores perderam força. As revisões dos pares também são, agora, muito mais difíceis.

A boa notícia de quando todos estavam em *home office* durante a pandemia é que era impossível confiar no "tempo de contato face a face" como padrão de desempenho no trabalho. Não é que as pessoas não tentaram; o envio de mensagens altas horas da noite, por exemplo, foi um estratagema de gerenciamento padrão causador de impressão, porém não serve tão bem como ver as pessoas presencialmente. Com isso, o que os supervisores fizeram? É importante sabermos o que, aparentemente, funcionou durante a pandemia. Esperamos que dessa análise obtenhamos indicações mais claras sobre o que era esperado e como o desempenho deve ser medido.

A análise formal de desempenho exatamente antes do início da pandemia era fundamentada na ideia de que conversas contínuas e *feedback* em tempo real eram muito melhores medições, em todos os aspectos do trabalho, do que a mera checagem de itens, metodologia cheia formulários usada pela maioria das organizações.[5] O senso comum é que houve retrocesso da metodologia do retorno de informações, justamente antes da pandemia, pelo fato de que a primeira abordagem era mais simples.

Pode muito bem haver pressão para que se volte a usar a metodologia de checagem de itens no retorno ao local de trabalho tradicional – particularmente com os funcionários remotos permanentes, cujas expectativas e avaliações provavelmente se tornarão mais formais. Isso seria lamentável. Uma das inovações mais importantes durante a pandemia foi a exigência, em algumas organizações, que os supervisores conferissem regularmente o trabalho de seus subordinados remotos, de semana a semana, com a simples pergunta: "Como as coisas estão indo?". Essa inovação importante deve fluir de volta, do trabalho remoto ao local de trabalho tradicional. É fácil os supervisores assumirem que por examinarem os relatórios diretos, dia após dia, sabem como o trabalho está sendo processado. Porém, de modo geral, isso não ocorre com frequência.

A prática de conferir o andamento do trabalho é um bom lembrete de que é possível termos conexões sociais, ainda que remotamente, se estivermos empenhados nesse objetivo.

Desenvolvimento de Carreira

Programas formais de desenvolvimento de carreira não necessariamente precisam ser modificados para os funcionários remotos, mas há um senso comum de que as oportunidades informais de desenvolvimento se reduzem acentuadamente para os que trabalham em *home office*. Esse é um fato que precisamos aceitar – isso significa que se você deseja avançar na carreira, não é possível ser funcionário remoto? Seria muito mais simples. É difícil imaginar que funcionários remotos tenham o mesmo tipo de experiência de preparo para liderança que ocorre com funcionários presenciais, especialmente para funções mais importantes, a menos que essas funções sejam específicas de gerenciamento de equipes remotas.

Novas Políticas para Elegibilidade

Os funcionários atuais provavelmente não serão alocados em funções nas quais seus interesses profissionais de trabalhar remotamente se enquadrem onde essa configuração é mais sensível. Isso significa que alguns deles realmente desejarão trabalhar no modelo remoto, talvez de modo permanente, mas não em funções que não fazem sentido.

Pode ser muito desagradável para funcionários cujas funções não se encaixam a seus interesses, não há bom termo em torno disso. Como explicado anteriormente, fazer do trabalho remoto algo eventual para o desempenho individual no trabalho é um exercício complicado. Essa atitude sugere, entre outras coisas, que trabalhar de casa é uma "mordomia" e envolve alto grau de confiança. Desse modo, haveria questões de equidade ilimitada em torno de quem merece tal benefício.

Um problema também recorrente é se os gestores locais devem fazer chamada a quem faz o trabalho remotamente e com que frequência. Essa configuração jamais fez sentido, e será ainda menos tolerável após confirmarmos que o trabalho remoto é mais administrável do que imaginávamos. O trabalho remoto pode ou não ser adaptado a uma função. Se a configuração de trabalho varia tanto de gerente a gerente de modo que esse princípio não se sustenta, é preciso perguntar por que afinal há títulos padrões para as funções. Inclusive se a empresa deseja tratar o trabalho de *home office* como um privilégio, é necessário ter critérios objetivos para quem será "merecedor".

Evidências sugerem que negócios com políticas de gerenciamento mais apropriadas no período da pandemia tiveram melhor desempenho do ponto de vista financeiro.[6] O mesmo provavelmente será válido no futuro.

Mudança para o Trabalho Remoto: Pontos a Serem Lembrados

- Parafraseando Winston Churchill (e sem dúvida outras personalidades mais antigas), jamais desperdice as oportunidades geradas por uma crise, pois elas permitem que as pessoas façam coisas que, de outra forma, não fariam. Nesse caso, a pandemia nos expulsou de nossa rotina de trabalho, o que propicia a oportunidade de mudarmos o modo como atuamos nele.

- Essa oportunidade terminará rapidamente se não a aproveitarmos. Quaisquer mudanças que queiramos fazer no tocante à supervisão, às interações mutuas e ao trabalho conjunto, bem como reuniões sobre questões mais triviais, devem ser feitas agora, logo depois do retorno, antes que se passe muito tempo.
- Como parte do retorno, necessitamos de um programa de reintegração nos primeiros dias e meses de volta aos locais convencionais de trabalho.
- As explicações das novas práticas de *home office* devem fazer parte do dito programa de reintegração.
- Dependendo de quais forem essas práticas, precisamos reconsiderar se nossas outras práticas de gestão devem se ajustar a elas. A mais importante prática a considerar sistematicamente é a da cultura organizacional. Quanto mais remota provavelmente for a força de trabalho, mais esforço deve ser feito para gerir a cultura.

Conclusão
Enxergando além do Próprio Local de Trabalho

Este livro concentrou-se em empresas estabelecidas, que têm presença substancial de locais de trabalho, e na decisão sobre reintegrar ou não os colaboradores no escritório. E se, no momento, sua empresa ainda não tiver um local de trabalho definido? Há uma geração de empresas de pequeno porte que começou a operar justamente antes e durante a pandemia e não contava com locais de trabalho. Há também outro grupo de *start-ups* que estão iniciando as atividades somente agora, no pós-pandemia. No passado, um dos objetivos dessas iniciativas era migrar do porão ou da garagem para um escritório. Provavelmente, nos tempos atuais, ter um local estabelecido de trabalho não seja mais um indício de respeitabilidade. Os investidores podem muito bem esperar que as empresas "apadrinhadas" continuem a operar virtualmente, assim economizam dinheiro. O tamanho necessário, adequado, do local físico de trabalho provavelmente passou a ser desconsiderado.

O trabalho remoto após a pandemia pode muito bem ter um efeito devastador nas comunidades e indústrias que dão suporte aos locais convencionais de trabalho. É possível que funcionários em *home office* ainda saiam para almoçar, embora com menos frequência, e vão a restaurantes próximos de casa em vez do escritório convencional. Não resta dúvida de que os restaurantes serão afetados negativamente pelas práticas de *home office*. Também é possível que as buscas em centros de compras e de serviços em geral que costumam ocorrer após o trabalho ainda continuem, mas novamente essas ações se darão próximas de casa. Algumas atividades podem ganhar com isso, porém fica claro quais perderão com essa mudança.

86 *Home Office*, Trabalho Remoto ou Presencial

Evidências indicam que durante a pandemia muitas pessoas, nos EUA, se mudaram do centro das cidades para as periferias, em vez de se deslocarem para outras localidades.[1] Essa tendência, no entanto, não informa para onde mudarão após a pandemia ou onde investirão seu tempo e dinheiro.

A especulação é que as cidades perderão a maioria dos funcionários remotos. Há, porém, boas razões para se pensar que configurações de *home office* de longo prazo serão muito piores para as "cidades periféricas" do que para os subúrbios corporativos. Nos EUA, comunidades como a de Tysons Corner, na Virgínia, ou Great Valley, fora da Filadélfia, têm um número enorme de vagas para executivos e, comparadas às cidades, pouca razão para as pessoas morarem nas redondezas, a não ser para ficarem próximas de seus locais de trabalho.

Locais como esses estão em uma situação muito pior para trabalho remoto do que nas cidades, porque grande quantidade de pessoas deseja viver nas áreas centrais, visto que agora constatamos deslocamentos reversos de vagas nas periferias. Alguns edifícios comerciais vazios dessas áreas podem ser convertidos em condomínios residenciais. Eu expressamente suspeito que, se pudermos morar em qualquer local independentemente do trabalho, muitas pessoas sairão das periferias (na realidade norte--americana). Se a casa será o local de trabalho, onde passarei a maior parte do tempo, é possível que muitas pessoas desejem morar na cidade, porque nelas há coisas interessantes para fazer, ou numa região rural na qual haja presença maciça de belezas naturais.

Ouvimos com frequência o argumento de que o trabalho remoto implica que os funcionários ficarão encantados com a possibilidade de mudar de casas caras para locais mais baratos, mas duvido que isso ocorra, especialmente para casais sem filhos. Nem todos pensam nisso como prioridade, particularmente os com características elitistas que preocupam as organizações.

Um Evento Ímpar

A pandemia da covid-19 foi (e ainda é) um evento ímpar para as sociedades modernas. Diferentemente de outras "factíveis" histórias sobre fenômenos influenciadores de paradigmas, ela ocorreu agora mesmo e continua voltando.

A profunda questão sobre o *home office*, que foi obrigatório durante a pandemia, é se nossa preferência para locais convencionais de trabalho durante aproximadamente o último século tenha sido uma gigantesca perda de dinheiro e tempo, e se teríamos obtido mais prosperidade se os funcionários fossem alocados dos locais de trabalho tradicionais para suas casas, poupando dinheiro em escritórios e imóveis. É difícil sustentar qualquer conclusão, dado que sabemos pouco sobre a operacionalização do trabalho remoto fora da ampla paralisação forçada pela covid-19. Englobados conjuntamente na crise, empresários e funcionários, foi inusitada a confiança, naquelas primeiras semanas, no trabalho remoto – o que significou muito, assim como o fato de muitas pessoas terem permanecido empregadas, executarem seu trabalho com segurança e cuidarem dos familiares em um momento que muitas outras pessoas não tiveram essa opção.

O perigo é os líderes concluírem que os locais convencionais de trabalho não importam, que a prioridade seja apenas cortar custos, tanto em imóveis como em salários. Ainda é uma questão aberta se é possível repetir o desempenho do *home office* durante a pandemia em um contexto mais normal. Alcançar esse desempenho parece exigir muito mais dos gerentes do que simplesmente inserir os colaboradores em um modelo de trabalho remoto.

O âmago da questão do trabalho remoto é que representa um modo diferente de pensarmos sobre o trabalho tradicional no escritório. A maioria de nós tem muita experiência nesse último modelo, mas se apropriando das palavras do escritor Rudyard Kipling, aqueles que conhecem somente os locais de trabalho, efetivamente não os conhecem. As comparações feitas durante mais de um ano em trabalho remoto deram um foco mais claro a esse tema. A questão fundamental para os colaboradores é a seguinte: Em que tipo de organização queremos trabalhar?

O que caracteriza um bom ambiente em um local convencional de trabalho inclui os pontos a seguir.

- **Uma forte cultura organizacional:** é possível aprender o que fazer apenas observando e ouvindo os lideres, além de obter indicações

88 *Home Office*, Trabalho Remoto ou Presencial

de como se comportar com base na estruturação de espaços bem projetados. Aprendemos isso formalmente nos programas de reintegração.

- **Ótimas chances de interação e aprendizado:** pode-se obter respostas a perguntas e lançar ideias por meio de interações informais.
- **Controle do esforço:** a pressão social por desempenho é maior, pois vemos mais o que outras pessoas fazem e a intensidade com que estão trabalhando.
- **Boas informações sobre o contexto:** é mais fácil verificar se uma iniciativa específica é importante, inclusive informalmente, por meio de inúmeros canais e não só daqueles aprovados.

O lado negativo é que a manutenção desses espaços é cara e o comprometimento exigido envolve o esforço da maioria dos funcionários. Administrar funcionários nesses locais pode dar muito trabalho e uma parte dele recai nos executivos, especialmente em questões como a cultura organizacional. Várias questões que afloram, como as das inequidades percebidas, são mais comuns em locais nos quais as pessoas trabalham próximas umas das outras.

Agora temos também uma ideia melhor do que o *home office* significa em comparação com os locais convencionais de trabalho. Apresento a seguir algumas das vantagens proporcionadas pelo trabalho em casa.

- **Economias para as empresas:** desde gastos com imóveis, facilidades associadas ao trabalho tradicional, além de com viagens, é possível reduzir custos.
- **Vantagens nas contratações:** o trabalho remoto pode ser uma vantagem competitiva na contratação e retenção de funcionários, assumindo que outras empresas não adotem as mesmas práticas.
- **Economias para os funcionários:** os funcionários que trabalham de casa não têm custos de transporte, não precisam renovar o vestuários e sairão menos para o almoço.
- **Maior flexibilidade para os funcionários:** especialmente para os que estão num regime permanente de trabalho remoto, podem ter mais opções de locais para moradia. Até mesmo os que cumprem regimes parciais em trabalho remoto podem expandir a distância

dos deslocamentos quando sua presença na empresa for necessária. Poder estar em casa por mais tempo é uma ótima oportunidade de resolver problemas cotidianos, do dia a dia.

O lado negativo é que os funcionários em trabalho remoto perdem vantagens se comparados com quem estiver trabalhando nas instalações da empresa. Quem atua remotamente é percebido como aquele que tem menos conexão com seus pares, menor engajamento, menos comprometimento com a organização, além de maior grau de isolamento social. Os empregadores provavelmente terão menos controle sobre o comportamento dos funcionários e de suas atitudes no trabalho. Há, ainda, menos oportunidades de aprendizado informal e desenvolvimento.

Cada extremidade do espectro exige práticas de suporte completamente diferentes. O maior erro é tender para um modelo ou para outro e não implementar as práticas que podem fazer dar certo.

Uma tentativa séria de conduzir uma operação efetiva no local de trabalho tradicional requer não somente gastos financeiros em imóveis e despesas gerais, mas esforço dos gestores para identificar a natureza flexível dos empregos e redirecionar funcionários quando houver mudança de requisitos, modelar suas iniciativas discricionárias para que atuem no interesse da organização e gerir suas interações no intuito de criar inovações ou outros benefícios. O engajamento e comprometimento dos funcionários com a organização é construído, em grande parte, com base nos laços pessoais com os pares e líderes, o que acontece mais naturalmente em um local de trabalho tradicional. Se isso funciona bem, o resultado pode ser realmente maior do que a soma das partes e ainda maior do que cada um pode contribuir individualmente.

O modelo em que todos estão em trabalho remoto é praticamente o oposto. Trata-se essencialmente de uma situação de gestão despojada que dificulta confiar em uma cultura organizacional e em vínculos pessoais. Comparado com os modelos anteriores, nos locais convencionais de trabalho os funcionários remotos são deixados muito mais sozinhos. A empresa especifica antecipadamente e em detalhes como quer que eles atuem e espera para ver se fazem como requerido. O desafio é que fazer efetivamente o trabalho exige bastante confiança. O empregador tem de capacitar

90 *Home Office*, Trabalho Remoto ou Presencial

os funcionários remotos para fazerem o que é necessário e estimar os prazos envolvidos.

Há muito mais potencial para falhas em configurações desse tipo. Funcionários descomprometidos, que não se importam com a organização, têm muito escopo para causar danos.. É possível manter vínculos sociais com funcionários remotos, mas se exige mais esforço e determinação para isso, não ocorre naturalmente. O fato de ser mais difícil microgerenciar funcionários em *home office* durante a pandemia criou um empoderamento padrão em muitas organizações, que deveríamos reconhecer e tentar replicar.

É tentador implantar um monitoramento mais rigoroso dos fucionários, para garantia do cumprimento do trabalho e verificação do desempenho deles, mas como vimos anteriormente, isso provavelmente leva a uma situação contraproducente, elimina a flexibilidade que faz exatamente o modelo de *home office* ser tão atrativo, pode gerar ressentimentos e reduzir a inclinação dos funcionários em cuidarem da organização. A menos que os empregadores apliquem um esforço extra na transição dos funcionários para o trabalho remoto, suspeito que se "escorregará" para um ambiente de baixa confiança, depois para o monitoramento e, eventualmente, substituição por prestadores autônomos de serviços.

Deixarei vocês, por fim, com o caso de alerta de uma empresa francesa, a Teleperformance. No início de 2021, foi reportado que essa organização, com 380 mil funcionários e atuação em 34 países, estava implementando um sistema que faria escaneamentos aleatórios de webcams para verificar o que os colaboradores remotos estariam fazendo, uma abordagem clássica de falta de confiança.[2] Se os colaboradores precisassem fazer um intervalo entrariam no "modo break" e explicariam o motivo. Eles não poderiam fazer refeições durante o expediente.

Essa provavelmente não é a experiência que tanto os funcionários como seus empregadores desejam replicar em qualquer futuro – remoto, híbrido ou presencial. Mas com um pouco de esforço, é possível reproduzir uma experiência mais apropriada para o "novo normal" que decidirmos.

Notas

Introdução

1. STABILE, Susan J. Google benefits or Google's benefit? *Journal of Business & Technology Law*, v. 3, n. 1, p. 97, 2008. Disponível em: http://digitalcommons.law.umaryland.edu/jbtl/vol3/iss1/7. Acesso em: 22 abr. 2022.
2. MICKLE, Tripp. Google says a fifth of workers will be remote workers. *WallStreet Journal*, 5 maio 2021.
3. CACIOPPO, John T.; CAIOPPO, Stephanie; GONZAGA, Gian C.; OGBURN, Elizabeth L.; VANDERWELLE, Tyler J. Marital satisfaction and break-ups differ across on-line and off-line meeting venues. *Proceedings of the National Academy of Sciences*, v. 110, n. 25, jun. 2013.
4. Leia, por exemplo, NEELEY, Tsedal. *Remote work revolution*: succeeding from anywhere. Nova York: HarperCollins, 2021; Lynda Gratton. *How to do hybrid right*. Harvard Business Review, maio-jun. 2021.

Capítulo 1

1. GARDENER, Chris. GMA Correspondent Will Reeve on getting caught with no pants on TV: "I Have Arrived." *Hollywood Reporter*, 28 abr. 2020.
2. HISTORY.COM Editors. Spanish Flu. *History,* 19 maio 2020. Disponível em: https://www.history.com/topics/world-war-i/1918-flu-pandemic.
3. ABRAMS, Joel. How the devastating 1918 flu pandemic helped advance US women's rights. *The Conversation,* 1 mar. 2020. Para relatos completos da gripe espanhola nos Estados Unidos, vejam CROSBY, A. W. America's forgotten pandemic: the influenza of 1918. Cambridge: Cambridge University Press, 2003; e SPINNEY, L. Pale Rider: the spanish flu of 1918 and how it changed the world. Nova York: Public Affairs, 2017.
4. DICKENSON, Moira. Marriott corporate staff face months-long furlough. *Wall Street Journal*, 21 mar. 2020.

5. STEWART, Emily. Corporate america was here for you on coronavirus until about june. *Vox*, 24 jul. 2020. Disponível em: https://www.vox.com/covid-19-coronavirus-economy-recession-stockmarket/2020/7/24/21334368/pandemic-related-perks-benefits-disappearing-essential-workers starbucks-covid-19. Acesso em: 4 abr. 2022.

6. COIBION, Olivier; GORODNICHENKO, Yuriy; WEBER, Michael. Labor markets during the covid-19 crisis: a preliminary view. *NBER Working Paper* n. 27.017, abr. 2020.

7. LABOR force statistics from the current population survey. *US Bureau of Labor Statistics*. Washington, DC, 2020. Disponível em: https://www.bls.gov/cps/effects-of-the-coronavirus-covid-19-pandemic.htm.Acesso em: 4 abr. 2022.

8. BAKER, Scott R.; BLOOM. Nicholas; DAVIS, Steven J.; TERRY, Stephen J. Covid-induced economic uncertainty. *NBER Working Paper* n. 26.983, abr. 2020.

9. WORKERS sges 25 to 54 more likely to telework due to covid–19 in february 2021. *US Bureau of Labor Statistics*, 11 mar. 2021. Disponível em: https://www.bls.gov/opub/ted/2021/workers-ages-25-to-54-more-likely-to-telework-due-to-covid-19-in-february-2021.htm. Acesso em: 4 abr. 2022.

10. KOCHHAR, Rakesh; BENNETT, Jesse. U. S. labor market inches back from the covid-19 shock, but recovery is far from complete. *Pew Research Center*, 14 abr. 2021. Disponível em: https://www.pewresearch.org/fact-tank/2021/04/14/u-s-labor-market-inches-back-from-the-covid-19-shock-but-recovery-is-far-from-complete. Acesso em: 4 abr. 2022.

11. LIU, Jennifer. Older millennials made it to management — now they're wondering if they even want to be the boss. *CNBC*, 22 abr. 2021. Disponível em: https://www.cnbc.com/2021/04/22/burned-out-millennials-are-rethinking-if-they-want-to-be-the-boss.html. Acesso em: 4 abr. 2022.

12. RESETTING normal: defining the new era of work. *Adecco Group Report*, jun. 2020.

13. "IT'S TIME TO REIMAGINE WHERE AND HOW WORK will get done," *PwC's US Remote Work Survey*, 21 de janeiro de 2021, https://www.pwc.com/us/remotework?WT.mc=CT10-PL102-DM2-TR1-LS3-ND30-PR4-CN_ViewpointHighlights-.

14. CLARENCE-SMITH, Louisa. Staff less motivated out of office, say company bosses. *The Times*, 21 set. 2020. Disponível em: https://www.thetimes.co.uk/article/staff-less-motivated-out-of-office-say-company-bosses-7qc0c377k. Acesso em: 4 abr. 2022.

15. ADRIAN, Reece et al. 2020 shows shifting workday patterns and productivity gains. *Prodoscore Internal Data*, 12 mar. 2021. Disponível em: https://www.prodoscore.com/wp-content/uploads/2021/03/Prodoscore-Internal-DataShifting-Workday-Patterns-and-productivity-gains.pdf. Acesso em: 4 abr. 2022.

16. GIBBS, Michael; MENGEL, Friederike; SIEMROTH, Christoph. Work from home and productivity: evidence from personnel and analytics data on it professionals. *Working Paper* n. 2021-56, University of Chicago Becker Friedman Institute, 2021.

17. Conforme citado em FORMAN, Laura. The shift to remote work could be a big swing and a miss. *Wall Street Journal*, 6 jun. 2020. Disponível em: https://www.wsj.com/articles/the-shift-to-remote-work-could-be-a-big-swing-and-a-miss-11591452000. Acesso em: 4 abr. 2022.

18. GOLDMAN Sachs: Bank boss rejects work from home as the "new normal". *BBC-News*, 25 fev. 2021, Disponível em: https://www.bbc.com/news/business-56192048. Acesso em: 4 abr. 2022.

19. VELUSH, Natalie Singer-; SHERMAN, Kevin; ANDERSON, Erik. Microsoft analyzed data on its newly remote workforce. *Harvard Business Review*, 15 jul. 2020.

20. Robert I. Sutton. Remote work is here to stay: bosses better adjust. *Wall Street Journal*, 2 ago. 2020. Disponível em: https://www.wsj.com/articles/remote-work-is-here-to-stay-bosses-better-adjust-11596395367. Acesso em: 4 abr. 2022.

21. Para uma revisão da evidência sobre o valor das reuniões, vejam MROZ Joseph, ALLEN, Joseph; VERHOEVEN, Dana; SHUFFLER, Marissa. Do we really need another meeting? The science of workplace meetings. *Current Directions in Psychological Science*, v. 27, n. 6, p. 484-491, 2018

22. TYLER, Geoff. The office citadel crumbles. *Management Services* 39, n. 9, p. 32, 1995.

23. Vejam, por exemplo, APGAR IV, Mahlon. Uncovering your hidden occupancy costs. *Harvard Business Review*, maio-jun. 1993.

24. LANGHOFF, June. Does place still matter? The role of the workplace in a distributed world. *New Ways of Working Network Summary*, 1 maio de 2007. Disponível em: http://www.westerncontract.com/wp-content/uploads/Does-Place-Still-Matter.pdf; SAVAL, Nikil. *Cubed*: a secret history of the workplace. Nova York: Doubleday, 2014.

25. SULIVAN, C. C. Earn as you churn: minimizing outlays for corporate layouts. *Buildings*, set. 1993.

26. KESSLER, Sarah. IBM, remote work pioneer, is recalling thousands to its offices. *Quartz*, 21 mar. 2017. Disponível em: https://qz.com/924167/ibm-remote-work-pioneer-is-calling-thousands-of-employees-back-to-the-office/. Acesso em: 4 abr. 2022.

27. OGILVIE, Heather. This old office. *Journal of Business Strategy*, v. 15, n. 5, set./out. 1994.

28. CONSIDINE, Michael; HAGLUND, Kurt. Reworking the work space. *Journal of Management and Engineering*, v. 11, n. 2, p. 18-26, 1995.

29. Uma discussão extensa da experiência de Chiat está em BERGER, Warren. Lost in space. *Wired*, 1 fev. 1999.

30. LUCAS, Henry C. Information technology and physical space. *Communications of the ACM*, v. 44, p. 89-96, 11 nov. 2001.

31. DUNHAM, Kemba J. Telecommuters' lament: once touted as the future, work-at-home situations lose favor with employers. *Wall Street Journal*, 30 out. 2000.

32. WAILGUM, Thomas. What happened to that whole hoteling thing? *CIO Magazine*, 15 fev. 2007.

94   *Home Office*, Trabalho Remoto ou Presencial

33. DAILY News Roundup: tuesday, april 20, 2021. BTG Advisory, https://www.btgad visory.com/news/daily-news-roundup-tuesday-20th-april-2021. Acesso em: 22 abr. 2022.
34. BERNSTEIN, Ethan; WEBER, Bem. The truth about open offices. *Harvard Business Review*, nov./dez. 2019.

Capítulo 2

1. Uma revisão dessa situação, em 1999, é encontrada em Nancy B. Kurland e Diane E. Bailey. The advantages and challenges of working here, there, anywhere, and anytime. *Organization Dynamics*, 1999. p. 53.
2. PARKER, Kim; HOROWITZ, Juliana Menasce; MINKIN, Rachel. How the coronavirus outbreak has — and hasn't — changed the way americans work. *Pew Research Center*, 9 dez. 2020. Disponível em: https://www.pewresearch.org/social-trends/2020/12/09/how-the-coronavirus-outbreak-has-and-hasnt-changed-the-way-americans-work/. Acesso em: 5 abr. 2022.
3. Como exemplos, veja COOPER, C. D.; KURLAND, N. B. Telecommuting, professional isolation, and employee development in public and private organizations. *Journal of Organizational Behavior*, v. 23, p. 511-532, 2002.
4. Para evidência da piora nas funções, leia CASCIO, W. F. Managing a virtual workplace. *Academy of Management Executive*, v. 14, p. 81-90, 2000; e do desafio para supervisores, leia GOLDEN, T. D. Co-workers who telework and the impact on those in the office: understanding the implications of virtual work for co-worker satisfaction and turnover intentions. *Human Relations*, v. 60, p. 1641-1667, 2007.
5. Estou em dívida com Rocio Bonet pela ajuda com esse material, parte do qual estava em CAPPELLI, Peter; BONET, Rocio. After covid, should you keep working from home? Here's how to decide. *Wall Street Journal*, 19 mar. 2021. Disponível em: https://www.wsj.com/articles/after-covid-should-you-keep-working-from-home-heres-how-to-decide-11616176802. Acesso em: 5 abr. 2022.
6. BARTEL, C. A.; WRZESNIEWSKI, A.; WIESENFELD, B. M. Knowing where you stand: physical isolation, perceived respect, and organizational identification among virtual employees. *Organization Science*, v. 23, n. 3, p. 743-757, 2012.
7. DILL, Kathryn. Wework CEO says least engaged employees enjoy working from home. *Wall Street Journal*, 12 maio 2021. Disponível em: https://www.wsj.com/articles/wework-ceo-says-workers-who-want-back-into-the-office-are-the-most-engaged-11620837018; Elahdi Ezadi. Washingtonian staff goes on publishing strikeafter ceo's op-ed about remote work. Washington Post, 7 maio 2021.
8. COOPER, Cecily; KURLAND, Nancy. Telecommuting, professional isolation, and employee development in public and private organizations. *Journal of Organization Behavior*, v. 23, p. 511-532, 2002.

9. GAJENDRAN, R. S.; HARRISON, D. A. The good, the bad, and the unknown about telecommuting: meta-analysis of psychological mediators and individual consequences. *Journal of Applied Psychology*, v. 92, n. 6, p. 1524, 2007.

10. BONET, R.; SALVADOR, F. When the boss is away: manager-worker separation and worker performance in a multisite software maintenance organization. *Organization Science*, v. 28, n. 2, p. 244-261, 2017.

11. ATKINSON, Andrew. U. K. says home working held back pay and promotions before covid. *Bloomberg*, 19 abr. 2021. Disponível em: https://www.bloomberg.com/news/articles/2021-04-19/working-from-home-in-the-u-k-holds-back-pay-and-promotions. Acesso em: 5 abr. 2022.

12. CRISTEA, I. C.; LEONARDI, P. M. Get noticed and die trying: signals, sacrifice, and the production of face time in distributed work. *Organization Science*, v. 30, n. 3, p. 552-572, 2019.

13. e 14. CRAMTON, C. D. The mutual knowledge problem and its consequences for dispersed collaboration. *Organization Science*, v. 12, n. 3, 346-371, 2001; METIU, A. Owning the code: status closure in distributed groups. *Organization Science*, v. 17, n. 4, p. 418-435, 2016.

15. DUXBURY, L.; NEUFELD, D. An empirical evaluation of the impacts of telecommuting on intra- organizational communication. *Journal of Engineering and Technology Management*, v. 16, n. 1, p. 1-28, 1999.

16. HINDS. P. J.; BAILEY, D. E. Out of sight, out of sync: understanding conflictin distributed teams. *Organization Science*, p. 14, n. 6, p. 615-632, 2015.

17. BONET, Rocio; SALVADOR, Fabrizio. When the boss is away. *Organization Science*, v. 28, n. 2, 2017.

18. GOLDEN, T. D.; VEIGA, J. F.; SIMSEK, Z. Telecommuting's differential impact on work-family conflict: is there no place like home? *Journal of Applied Psychology*, v. 91, n. 6, p. 1340, 2006.

19. Golden, Veiga e Simsek discutem as complicações ao desatrelar os relacionamentos e a diferença entre os impactos negativos que o trabalho pode ter na vida familiar e os efeitos negativos que a vida familiar pode ter no trabalho. Eles concluem que o primeiro melhora e a última piora com a telecomutação. GOLDEN, T. D.; VEIGA, J. F.; SIMSEK, Z. Telecommuting's differential impact on work-family conflict: is there no place like home? *Journal of Applied Psychology*, 2006.

20. DURANTON, Gilles; TURNER, Matthew A. The fundamental law of road congestion: evidence from us cities. *American Economic Review*, v. 101, n. 6, p. 2615-2652, 2011.

21. ASGARI Hamidreza; JIN, Xia; DU Yiman. Examination of the impacts of telecommuting on the time use of nonmandatory activities. *Transportation Research Record*, v. 2566, n. 1, p. 83-92, 2016.

22. NOONAN, Mary C.; GLASS, Jennifer L. The hard truth about telecommuting. *Monthly Labor Review*, v. 135, n. 6, p. 38-45, 2012.

96 *Home Office*, Trabalho Remoto ou Presencial

23. KELLY, Erin L.; KALEV, Alexandra. Managing flexible work arrangements in us organizations: formalized discretion or 'a right to ask. *SocioEconomic Review*, v. 4, n. 3, p. 379-416, 2006.
24. MENNINO, Sue Falter; RUBIN, Beth A.; BRAYFIELD, April. Home-to-job and job-to-home spillover: the impact of company policies and workplace. *Culture Sociological Quarterly*, v. 46, n. 1, 107-135, 2005.
25. BLOOM, N.; LIANG, J.; ROBERTS, J.; YING, Z. J. Does working from home work? Evidence from a chinese experimente. *Quarterly Journal of Economics*, v. 130, n. 1, p. 165-218, 2015.
26. MAS, Alexandre; PALLAIS, Amanda. Valuing alternative work arrangements. *American Economic Review*, v. 107, n. 12, p. 3722-3759, 2012.
27. HARRINGTON, Emma; EMANUEL, Natalia. "Working" remotely? selection, treatment, and market provision of remote work (JMP). *Harvard University Economics Department Working Paper*, 2021.
28. UNITED STATES PATENT and Trademark Office. *Telework enhancement act pilot program*. 2017. Disponível em: https://www.uspto.gov/sites/default/files/documents/TEAPP%202020%20Fact%20Sheet.pdf.
29. Essa é uma descrição simplificada. O Departamento de Marcas e Patentes efetivamente tem uma série de práticas remotas para diferentes funcionários. Veja TELEWORK. *Patent Office Professional Association*, [20--?]. Disponível em: http://www.popa.org/about/work-life-balance/telework/. Acesso em: 5 abr. 2022.
30. CHOUDHURY, Prithwiraj; FOROUGHI, Cirrus; LARSON, Barbara Zepp. Work-from-anywhere: theproductivity effects of geographic flexibility. *Strategic Management Journal*, v. 42, n. 4, p. 655-683, 2021.
31. ANGELICI, Marta; PROFETA, Paola. Smart working: flexibility without constraints. *CES* Working Paper, v. 8165, 2020.

Capítulo 3

1. NEWTON, Casey. Mark Zuckerberg on taking his massive workforce remote. *The Verge*, 21 de maio de 2020. Disponível em: www.theverge.com/2020/5/21/21265780/facebook-remote-work-mark-zuckerberg-interview-with. Acesso em: 22 abr. 2022.
2. BINDLEY Katherine; BROWN Eliot. Silicon Valley pay cuts ignite tech industry covid-19 tensions. *Wall Street Journal*, 11 out. 2020. Disponível em: https://www.wsj.com/articles/silicon-valley-pay-cuts-ignite-tech-industry-covid-19-tensions-11602435601. Acesso em: 8 abr. 2022.
3. THE ADECCO GROUP. Resetting normal: defining work in the new era. *Adecco*, jun. 2020. Disponível em: https://www.adeccogroup.com/future-of-work/latest-research/reset-normal/. Acesso em: 6 abr. 2022.

Notas 97

4. WIGERT, Ben; ROBISON, Jennifer. Remote workers facing high burnout: how to turn it around. *Gallup Workplace*, 30 out. 2020. Disponível em: https://www.gallup.com/workplace/323228/remote-workers-facing-high-burnout-turn-around.aspx. Acesso em: 8 abr. 2022.

5. Para informações sobre a França, leia RECCHI, Ettore; FERRAGINA, Emanuele; HELMEID, Emily; PAULY, Stefan; SAFI, Mirna; SAUGER, Nicolas; SCHRADIE, Jen. The "eye of the Hurricane" paradox: an unexpected and unequal rise of well-being during the covid-19 lockdown in France. *Research in Social Stratification and Mobility*, v. 68, p. 1-8, ago. 2020. Leia informações sobre a Alemanha em: MÖHRING, Katja; NAUMANN, Elias; REIFENSCHEID, Maximiliane; WENZ. Alexander; RETTIG, Tobias; KRIEGER, Ulrich; FRIEDEL, Sabine; FINKEL, Marina; CORNESSE, Carina; BLOM, Annelies G. The covid-19 pandemic and subjective well-being: longitudinal evidence on satisfaction with work and Family. *European Societies*, v. 23, p. S601-S617, 2021. Para informações sobre o Reino Unido, leia: BENZEVAL, M.; BURTON. J.; CROSSLEY, T. F.; FISHER, P.; JÄCKLE, A.; PERELLI-HARRIS, B.; WALZENBACH, S. Understanding society covid-19 survey may briefing note: family relationships. *Understanding Society*, Working Paper n. 13/2020, ISER, University of Essex, 2020.

6. HOW TO AVOID the return of office cliques. *Financial Times*, 26 maio 2021. Disponível em: https://www.ft.com/content/c113f86b-fbe3-4ed4-b39a-359ad57d72b8. Acesso em: 8 abr. 2022.

7. ROUSSEAU, Denise. *I-Deals*: idiosyncratic deals employees bargain for themselves. Nova York: M. E. Sharp, 2005.

8. BENOIT, David. Citigroup plans for hybrid workforce post-pandemic. *Wall Street Journal*, 23 mar. 2021. Disponível em: www.wsj.com/articles/citigroup-plans-for-hybrid-workforce-post-pandemic- 11616519476. Acesso em: 8 abr. 2022.

9. PWC SAYS START when you like, leave when you like. *BBC News*, 31 mar. 2021. Disponível em: https://www.bbc.com/news/business-56591189. Acesso em: 8 abr. 2022.

10. POZEN, Robert C.; SAMUE, Alexandra. *Remote, Inc.*: how to thrive at work... wherever you are. Nova York: Harper Business, 2021.

Capítulo 4

1. MAYER, Kathryn. HR leaders plan to embrace remote work post-pandemic. *Human Resource Executive*, 20 jul. 2021. Disponível em: https://hrexecutive.com/hr-leaders-plan-to-embrace-remote-work-post-pandemic. Acesso em: 8 abr. 2022.

2. THE NEW SHAPE OF WORK: flexing for the future. *Mercer*, ago. 2020. Disponível em: https://www.mercer.us/events/webcasts/the-new-shape-of-work-flexing-for-the-future-august-6.html. Acesso em: 8 abr. 2022.

3. STEEMERS Frank, et al. Adapting to the reimagined workplace: human capital responses to the covid-19 pandemic. *The Conference Board*, out. 2020. Disponível em:

https://conference-board.org/topics/natural-disasters-pandemics/adapting-to-the-reimagined-workplace. Acesso em: 8 abr. 2022.

4. REIN, Lisa. Biden administration moves toward making the pandemic work-from-home experiment permanent for many federal workers. *Washington Post*, 24 maio 2021. Disponível em: https://www.washingtonpost.com/politics/federal-employees--working-from-home/2021/05/23/73c34304-b8db-11eb-a6b1 -81296da0339b_story.html. Acesso em: 8 abr. 2022.

5. LONG, Katherine Anne; ROBERTS, Paul. Amazon expects a return to offices by fall: some workers are miffed while nearby businesses are ecstatic. *Seattle Times*, 31 mar. 2021. Disponível em: https://www.seattletimes.com/business/amazon/amazon-expects-employees-back-in-their-offices-by-autumn. Acesso em: 8 abr. 2022.

6. THOMAS, Lauren. Covid changed how we think of offices – Now companies want their spaces to work as hard as they do. *CNBC*, 10 mar. 2021. Disponível em: https://www.cnbc.com/2021/03/10/1-year-into-covid-employers-rethink-offices-and-function-matters-most.html. Acesso em: 8 abr. 2022.

7. EISEN, Ben. Wells Fargo plans to bring employees back to the office in september. *Wall Street Journal*, 30 mar. 2021. Disponível em: https://www.wsj.com/articles/wells-fargo-plans-to-bring-employees-back-to-the-office-in-september-11617133597. Acesso em: 8 abr. 2022.

8. MAJOR EMPLOYERS SCRAP PLANS to cut back on offices — KPMG. Reuters, 22 mar. 2021. Disponível em: https://www.reuters.com/article/uk-economy-ceos/major-employers-scrap-plans-to-cut-back-on-offices-kpmg-idUSKBN2BF00B. Acesso em: 8 abr. 2022.

9. PANDEY, Erica. Tech companies gobble up office space. *Axios*, 27 jan. 2021. Disponível em: https://www.axios.com/technology-companies-office-space-cb7ffed2-b611-4b51 -9c7e-3acbe1b1f7a4.html. Acesso em: 8 abr. 2022.

10. PwC US CFO Pulse Survey. *PwC*, 15 jun. 2020. Disponível em: https://www.pwc.com/us/en/library/covid-19/pwc-covid-19-cfo-pulse-survey.html. Acesso em: 22 abr. 2022.

11. TWITTER CFO NED SEGAL, on the workforce of the future. *Bloomberg*, 1 dez. 2020. Disponível em: https://www.bloomberg.com/news/videos/2020-12-02/twitter-cfo-ned-segal-on-the-workforce-of-the-future-video.

12. FORD, Brody; CHANG, Emily. IBM sees 80% of employees working in hybrid roles after pandemic. Bloomberg, 31 mar. 2021. Disponível em: https://www.bloomberg.com /news/articles/2021-03-31/ibm-expects-80-of-its-employees-to-work-hybrid-post-pandemic. Acesso em: 8 abr. 2022.

13. WHAT YOU SHOULD KNOW ABOUT COVID-19 and the ADA, the Rehabilitation Act, and other EEO laws. *US EEOC*, 28 maio 2021. Disponível em: https://www.eeoc.gov /wysk/what-you-should-know-about-covid-19-and-ada-rehabilitation-act-and-other-eeo-laws. Acesso em: 08 abr. 2022.

14. EIDELSON, Josh. Covid gag rules are putting everyone at risk, 8 ago. 2020. Disponível em: https://www.bloomberg.com/news/features/2020-08-27/covid-pandemic-u s-businesses -issue-gag-rules-to-stop-workers-from-talking. Acesso em: 9 abr. 2022.

15. THE LITTLER COVID-19 VACCINE Employer Survey Report. *Littler*, 9 fev. 2021. Disponível em: https://www.littler.com/publication-press/publication/littler-vaccine-employer-survey-report. Acesso em: 9 abr. 2022.

16. FRIEDMAN, Gillian; HIRSCH, Lauren. Health advocate or big brother? Companies weigh requiring vacines. *New York Times*, 7 maio 2021. Disponível em: https://www.nytimes.com/2021/05/07/business/companies-employees-vaccine-requirements.html. Acesso em: 9 abr. 2022.

17. SIX MONTHS LATER: covid-19 Employer Response Survey, Part 2. *World at Work*, 20 out. 2020. Disponível em: https://worldatwork.org/press-room/six-months-later-covid-19-employer-response-survey-part-2. Acesso em: 9 abr. 2022.

18. Ray Bates e Emma Grigore, respectivamente, lideraram esses dois esforços.

19. CASTELLANOS, Sarah. New hires to the Holodeck: Fidelity Investments tries collaboration via virtual reality. *CIO Journal*, 8 out. 2020.

20. CLARK, Pilita. Why "hybrid" working spells trouble for companies. *Financial Times*, 22 set. 2020. Disponível em: https://www.ft.com/content/59c77968-fb28-482f-9334-a9960ef6d667. Acesso em: 9 abr. 2022.

Capítulo 5

1. MITCHELL, Russ. Less office space, more video screens: how one company is embracing hybrid work. *Los Angeles Times*, 20 maio 2021. Disponível em: https://www.latimes.com/business/story/2021-05-20/clorox-embraces-hybrid-work-trimming-down-office-space. Acesso em: 10 abr. 2022.

2. DAI, Hengchen; MIKMAN, Katherine L.; RIIS, Jason. The fresh start effect: temporal landmarks motivate aspirational behavior. *Management Science*, v. 60, n. 10, p. 2563-2582, 2014.

3. LEWIS, Leo. Coronavirus catalyzes overdue change in japan's offices. *Financial Times*, 23 jul. 2020. Disponível em: www.ft.com/content/500a9c04-afeb-11ea-94fc-9a676a 727e5a. Acesso em: 10 abr. 2022.

4. Esse estudo é reportado em O'DWYER, Michael. Hybrid working makes it harder to detect fraud. *Financial Times*, 28 maio 2021. Disponível em: www.ft.com/content/faca3a1a-6704-473d-ba80-f16acb809755. Acesso em: 22 abr. 2022.

5. CAPPELLI, Peter; TAVIS, Anna. The performance management revolution. *Harvard Business Review*, out. 2016.

6. Há diversos desses estudos, que incluem outros países, e suas medidas de "boas" práticas de gerenciamento simplesmente se elas têm metodologias-padrão, contrariamente a uma gestão informal. Esse assunto é revisto em HILL, Andrew. The simple tools

that helped business resist the crisis. *Financial Times*, 23 maio 2021. Disponível em: https://www.ft.com/content/5f5f4285-da68-4b02-8895-bca3c5a8d486. Acesso em: 11 abr. 2022.

Conclusão

1. RAMANI, Arjun; BLOOM, Nicholas. The donut effect of covid-19 on cities. *NBER Working Paper*, n. 28876, 2021.
2. WALKER, Peter. Call centre staff to be monitored via webcam for home-working "infractions". *The Guardian*, 26 mar. 2021. Disponível em: https://www.theguardian.com/business/2021/mar/26/teleperformance-call-centre-staff-monitored-via-webcam-home-working-infractions. Acesso em: 11 abr. 2022.

Índice Remissivo

Adecco, levantamentos, 6, 55
Amazon, 3, 65, 69
Apple, 61
AT&T, 32

British Chartered Institute of Internal Auditors (instituto oficial britânico de auditores internos certificados, 77

Chiat, Jay, 33
   agência de publicidade Chiat, 33-34
Citigroup, 59
Clorox, 75, 76
covid-19
   dados estatísticos da,
   desempenho no trabalho e, 26-27
   dispensas, licenças, 6
   Ernst &Young, 32-33
   mercado de trabalho e, 23-24
   ordens de fechamento, paralisação, 16, 22-23, 26
   peculiar para o trabalho, 13-14, 18
   perda de empregos, 24
   produtividade durante a, 27
   resposta governamental, 23
   trabalho remoto e, 10, 16, 65
   vacinação, 67-68
Cultura organizacional,
   definição de, 77

desafios do trabalho remoto, 77-79
modelos de mudança organizacional, oportunidade na pandemia, 76
trabalho presencial e, 78-79
CVS, 66

Decreto sobre saúde e segurança ocupacional (Ocuppational Health and Safety Act), 68
Delta Airlines, 69
Deslocamentos ao e desde o trabalho,
   economia de tempo, 13, 44
   poluição dos carros, 11, 17, 44, 45
   produtividade e, 33
   tempo de deslocamento e, 30, 44, 46, 62
Dun & Bradstreet, 32

Empresas (firmas) de pequeno porte, somente trabalho remoto, 85
Enquete do Pew Research Center, 38
Ernst & Young, 32-33
Escritórios de advocacia, 53

Facebook, 17, 28, 51, 53, 61, 66
Fraser, Jane, 59
Freelancers, 38, 47
Fujitsu, 76

Gestão, relacionamento com funcionários, 24
GitLab, 72
Google, 9, 10, 13, 15
Gripe espanhola (1918), 22

Hitachi, 76
Hoteling, 14, 15, 47, 63
HSBC, 15

IBM, 32, 67, 73
Imóveis para escritórios,
   economias com, 31, 32, 75
   efeito do trabalho remoto, 66-67
   hoteling, 14, 15
   plano de espaços abertos, 35
   problemas com, 13-14

KPMG, 59, 66

Licença médica e/ou remunerada por dia por motivo de saúde, 61

Microsoft, 24, 29
Mulheres, mercado de trabalho e, 24

New York Magazine, 12

Pesquisa da Harris, 5
Pesquisa da Mercer, 65
Pesquisa do Conference Board (comitê de conselhos de administração), 65
Pesquisa Gartner, 65
Pesquisas Gallup, 56
Plano para pandemias, 18
Pozen, Robert, 61
PricewaterhouseCoopers (PwC), 26, 59, 78
Prodoscore, 27
Programa de Patentes de Hoteling, 47

Programa-piloto para a melhoria do teletrabalho, 47
PwC. Ver PricewaterhouseCoopers (PwC)

Ralph Lauren, 66
REI, 66
Reintegração (*onboarding*)
   conversar sobre como foi na pandemia, 70
   data de retorno, 71
   do que gostavam nos escritórios, 71
   explicação para o retorno, 70
   segurança e, 67-68
Remote, Inc. (Pozen, Samuel), 61
Rousseau, Denise, 59

Samuel, Alexandra, 61
Smart Working (UE), 48
   Veja também telecomutação
Solomon, David, 29
Sutton, Robert, 29

Telecomutação
   carga horária, 45-46
   problemas da, 37-39
   tempo de deslocamento no trânsito e, 44-45
   tentativas anteriores, 13, 32, 34, 37
Teleperformance, 90
Trabalho híbrido, 25, 32, 38
   escolha o seu próprio modelo, 39-40, 43
   experimentos passados, 13
   modelos de duas camadas, 38-39, 43
   planejamento para o, 72-73
   resultados de pesquisas com empresas, 67
Trabalho presencial, 10
   erros do, 13

Índice Remissivo

experimentos passados, 12, 13
generosidade inicial, 23
impacto econômico, 12
impacto pessoal, 11, 12
o lado negativos do, 88
Trabalho remoto e colaboradores,
burnout, 56-57
contratações e, 79-80
desenvolvimento de carreira e, 21,
40-41, 58, 82
e o tempo, 29-30
efeito nas comunidades, 85
efeitos nas remunerações, 51-56
elegibilidade para o trabalho remoto, 83
equilíbrio entre a vida pessoal e
profissional, 8, 24-25
estudo do Departamento Americano de Marcas e Patentes, 47-48
experimentos com call center, 27,
46
gerenciamento e, 40-43
governo federal e, 65
impostos de renda e, 62
perspectiva do, 30
pool de talentos, doméstico e estrangeiro, 51
problemas do, 42-43
questão do relógio de ponto, 55
relacionamentos, 24, 26, 27, 40, 57
remunerações e, 80
retenção nos empregos, 47, 52-53,
88

revisões de desempenho, 81
Trabalho remoto, 10
benefícios e inconvenientes, 56-57,
87-88
efetivo, 49-50
história do, 37
mercado de trabalho e, 24,25
pré-pandemia, 17-19
questões de programação, 60-61
Twitter, 17, 53, 66

U S Equal Employment Opportunity
Comission (comissão norte-americana de oportunidades iguais de
emprego, 68
United Airlines, 69
Universidade da Pensilvânia, 69, 71

Videoconferências, 30, 49, 61

Wailgum, Thomas, 34
Wall Street Journal, 28, 30, 34,
Wallmart, 23
Washington Post, 37
Washingtonian, 39
Wells Fargo, 66
WeWork, 39
WorldatWork e Salary.com, 70

Zoom, 29, 31, 58, 61, 73
Zuckerberg, Mark, 29, 51

Sobre o Autor

Peter Cappelli é professor da cadeira George W. Taylor de Gestão Empresarial da Wharton School e diretor do departamento de Recursos Humanos. É pesquisador membro do Bureau Nacional de Pesquisas Econômicas em Cambridge, Massachusetts, e desde 2007, acadêmico honorário do Ministério da Mão de Obra de Cingapura.

Suas pesquisas mais recentes analisam as mudanças nas relações de emprego nos Estados Unidos e suas implicações. Ele escreve uma coluna mensal sobre a força de trabalho para o portal Human Resource Executive Online e colabora regularmente no *Wall Street Journal* e na *Harvard Business Review*. Seus livros mais recente incluem *Fortune makers: the leaders criating China's great global companies* (em coautoria com Michael Useem, Harbir Singh e Neng Liang); *Why good people can't get jobs: the skills gap and what companies can do about it*; *The India way: how India's business leaders are revolutionizing management* (com Harbir Singh, Jitendra Singh e Michael Useem); *Managing the older worker: how to prepare for the new organizational order* (com Bill Novelli).

Cappelli tem formação em Relações Industriais pela Cornell University e em Economia do Trabalho pela Oxford, onde foi aluno brilhante. Além disso, é acadêmico convidado na Brookings Institution, parceiro do fundo Marshall alemão, membro do corpo docente do MIT, da Universidade de Illinois e da Universidade da Califórnia, em Berkeley.